www.tredition.de

JOCHEN SPRENTZEL

***

MARZELLAS GEHEIMNIS

DAS UNGEWÖHNLICHE KIRCHNER MODELL

Diese Erzählung basiert auf wahren Begebenheiten, die fiktional angereichert wurden. Einige Geschichten der erwähnten Personen sind frei erfunden.

www.tredition.de

Verlag und Druck: tredition GmbH, Hamburg

ISBN
Paperback: 978-3-7469-3823-3
Hardcover: 978-3-7469-3824-0
e-Book: 978-3-7469-3825-7

MARZELLAS GEHEIMNIS
DAS UNGEWÖHNLICHE KIRCHNER MODELL

Es ist Hochsaison in Stockholm. Von der Touristenflut in der schwedischen Hauptstadt profitiert auch das Moderna Museet, eines der bedeutendsten Museen für moderne und zeitgenössische Kunst in Europa. Viele Besucher aus dem In- und Ausland interessieren sich besonders für eine spektakuläre Neuerwerbung des Museums.

Ein Experte versucht gerade, einer deutschen Besuchergruppe das Gemälde zu erklären, das als Perle des Expressionismus gilt. „Ernst Ludwig Kirchner hat das Werk 1910 in Dresden geschaffen. Sie sehen, dass es sich um einen Mädchenakt in teilweise verfremdeten Farben handelt. Ein typisches Merkmal des Expressionismus. Was für ein herrliches, ausdrucksvolles Bild. Geht es Ihnen auch so, dass man gebannt auf dieses Meisterwerk starrt und seine Symbolik interpretieren möchte?" Die Gäste schauen ein wenig ratlos, aber ohne eine Antwort abzuwarten, spricht der Museumsführer sofort weiter. „ In den Ateliers der Künstlergruppe „Brücke" in Dresden wurden in dieser Zeit viele minderjährige Mädchen, einige noch Kinder, nackt gemalt. Das sorgt natürlich noch heute für leidenschaftliche Diskussionen, an denen ich mich aber nicht beteiligen möchte. Ich würde mich sehr freuen, wenn wir uns ganz auf das wunderschöne Gemälde konzentrieren könnten.

 Dieses Bild heißt „Marzella". Leider weiß man nicht, um wen es sich dabei handelt. Gab es diese Marzella wirklich? War sie ein echtes Kirchnermodell, oder schuf der Künstler 1910 ein Phantasiegemälde? Vielleicht ist Marzella auch ein Pseudonym. Leider haben sich Kunsthistoriker bisher kaum mit diesem Thema beschäftigt, obwohl wahrscheinlich viele Liebhaber der Malerei mehr darüber erfahren möchten. Fänden Sie es nicht auch spannend, herauszufinden, wer dieses junge Mädchen war, wenn es wirklich in Kirchners Atelier verkehrte?" Wieder eine eher rhetorische Frage an die deutschen Besucher, die zwar beeindruckt sind von dem außergewöhnlichen Kunstwerk, aber auch nachdenklich wirken angesichts des kindlichen Aktbildes.

Ein älterer, schlanker Mann mit schütterem Haar und eine kleine zierliche Frau in seinem Alter, die etwas hinter der Besuchergruppe stehen, weil sie sich verspätet haben, lauschen gebannt den Ausführungen des Experten. „Kommen Sie ruhig näher heran! Seien Sie herzlich willkommen!", sagt er zu den beiden. „Sie haben noch nichts wesentliches versäumt."

Der 2. Dezember 1945 ist ein besonderer Tag für mich sowie alle Katholiken in Dresden, denn an diesem ersten Sonntag im Advent wird mein Bruder Willibrord Sprentzel, der neue Propst der Hofkirche, in sein Amt eingeführt. Willi ist glücklich, dass ich, seine kleine Schwester Marzella, die er stets Zella nennt, trotz widriger Umstände der feierlichen Zeremonie beiwohnen kann. Willis Vorgänger kam im Februar 1945 bei den verheerenden Bombenangriffen auf Dresden ums Leben. Die stolze 190 Jahre alte Hofkirche am Altstädter Elbufer lag weitgehend in Trümmern. Mehrfach von Sprengbomben getroffen, stürzten das Dach und die Gewölbe im Innenraum ein. Der Blick durch das Portal mit den verbrannten Türen zeigt im Hauptschiff einen übermannsgroßen Schutthaufen. Nur in der Bennokapelle kann der Gottesdienst für den neuen Propst abgehalten werden. 650 Gläubige stehen dicht gedrängt in dem liebevoll geschmückten Raum. Die Orgel der Hofkirche wurde 1944 in ein Kloster ausgelagert und entging dadurch der Zerstörung. Der Organist, ein ehemaliger Klassenkamerad meines Bruders, begleitet die Feierstunde auf dem Harmonium.

Der weitgehend unzerstörte Benno Altar leuchtet wie ein Hoffnungszeichen in einer trostlosen Zeit. Etwas mehr als ein halbes Jahr nach Kriegsende will Willi als Propst mit dem mühsamen Wiederaufbau der Hofkirche beginnen. Angesichts der gewaltigen Zerstörungen eine fast unlösbare Aufgabe für ihn, der seit seiner Jugend in verschiedenen Funktionen eng mit dem traditionsreichen Gotteshaus verbunden ist.

Ich stehe ganz vorn in der ersten Reihe und bin sehr angespannt. Ich habe Tränen in den Augen. Das sind nicht nur Freudentränen, denn ich erlebe gerade ein Wechselbad der Gefühle. Einerseits bin ich unglaublich stolz auf meinen heißgeliebten Bruder, der mir stets so viel seelischen Halt gegeben hat. Eigentlich ist er der bedeutendste und wichtigste Mann meines Lebens. Für Willi geht mit der Ernennung zum Propst ein Lebenstraum in Erfüllung. Ein großer Moment auch für unsere gesamte streng katholische Familie. Genau deshalb hätte ich die feierliche Proklamation in der Hofkirche so gern entspannt genossen. Aber ich kann mich auf die Predigt des Kaplans, der meinen Bruder so warmherzig würdigt, nicht richtig konzentrieren, weil ich, die passionierte Lehrerin, vor drei Tagen einen niederschmetternden Brief vom Bezirksschulamt erhalten habe. Darin wurde mir mitgeteilt, dass ich auf Befehl der sowjetischen Administration aus dem Schuldienst entlassen werde, weil ich der NS Frauenschaft angehörte. Ich bin verzweifelt und habe Mühe, meine Gedanken zu ordnen. Aber noch vor Willis Feiertag habe ich in meiner Antwort an die Schulbehörde ausführlich dargelegt, warum ich einige Jahre lang Mitglied der NS Frauenschaft war. Ich musste auf Druck meines Rektors eintreten, um die katholische Schule in Dresden, an der ich tätig war, vor der Schließung durch die Nationalsozialisten retten. Ich habe in meinem Schreiben nicht nur betont, dass ich bei passender Gelegenheit1943 die NS Frauenschaft wieder verlassen habe, sondern vor allem auch meine antifaschistische Gesinnung und die meiner Familie hervorgehoben. Eine Parteizugehörigkeit zur NSDAP kam für mich nicht in Frage. Schon meine Eltern waren vor 1933 Mitglieder des Zentrums, gleich nach Kriegsende bin ich in die CDU eingetreten. Natürlich habe ich auch auf die herausragende Stellung meines Bruders in der katholischen Kirche hingewiesen.

Willi, der von der Suspendierung auch kalt erwischt wurde, ahnt, was mir bei der Predigt durch den Kopf geht, denn immer wieder schaut er liebevoll mit tröstendem Blick zu mir herüber, so als wolle er mir wie immer Beistand leisten. Er ist froh, dass ich trotz der beruflichen Turbulenzen überhaupt gekommen bin. Immerhin musste ich aus Räckelwitz in der

Oberlausitz anreisen. Das war zwar nur 30 Kilometer von Dresden entfernt, aber so kurz nach Kriegsende gab es noch wenige Verkehrsverbindungen, so dass selbst eine relativ kurze Strecke zum Abenteuer wurde. Aber für mich war es natürlich selbstverständlich der Feier beizuwohnen. Ich will dem Bruder mit meinen Problemen auch keinesfalls das Krönungsfest seiner beruflichen Laufbahn verderben. Zu innig ist unser Verhältnis. An diesem großen Tag denke ich auch daran, wie mir Willi beigestanden hat, als ich 1910 unverantwortlicherweise einige Monate im Atelier von Ernst Ludwig Kirchner verbrachte. Eine schlimme Jugendtorheit, dass ich mich dort malen ließ, sogar nackt. Ich, das 14 Jahre alte gebildete Mädchen einer höheren Töchterschule aus gutem Elternhaus, mit einem Bruder, der kurz vor dem Abitur stand, um Theologie zu studieren, was für ein Skandal. Meine erzkonservativen frommen Eltern waren fassungslos. Es hagelte Vorwürfe und Strafmaßnahmen.

In dieser Situation hat Willi versucht, mich wenigstens ein bisschen in Schutz zu nehmen. Das war typisch für ihn, den liebevollen Bruder. Er sprang über seinen Schatten, weil ich ihm leid tat. Ich habe ihm das niemals vergessen und bin ihm bis heute dafür dankbar. Der Beistand ändert freilich nichts an der fatalen Situation, in die ich durch meine Modelltätigkeit geraten bin. Zwar hat man damals in der Familie sofort beschlossen, die Episode geheim zu halten, aber das hat alles eher noch schlimmer gemacht. Denn seitdem muss ich mit der Angst leben, als unmoralisches Kirchner Modell doch noch entdeckt zu werden. Mit unabsehbaren Konsequenzen für mich und besonders auch für meinen Bruder. So geht das nun schon 35 Jahre. Ich habe oft versucht, die Entstehungsgeschichte des Gemäldes, das auch noch meinen Namen trägt, aus dem Gedächtnis zu verdrängen, aber es gab immer wieder Augenblicke, die mich in Angst und Schrecken versetzten. Natürlich fürchte ich gerade jetzt, dass meine Rehabilitierungsversuche als Lehrerin auch daran scheitern könnten, dass die schnüffelnden Amtsstellen herausbekommen, was ich 1910 in einem Künstleratelier gemacht habe. Wer will schon eine Lehrkraft mit so einem Schandfleck einstellen? Wie kann so eine Frau den Schülern ein Vorbild sein? Die überwunden geglaubte Angst ist plötzlich mit unerbittlicher Grausamkeit wieder zurück. Ich habe Beklemmungen. Dabei will ich in 14 Tagen, kurz vor Weihnachten, meinen 50. Geburtstag feiern. Im ersten Nachkriegswinter sollte es nach langer Zeit endlich wieder ein unbeschwerter Tag werden. Daran ist in meiner jetzigen Situation überhaupt nicht zu denken. Auch Willis Empfang im nicht beschädigten Gemeindehaus der Hofkirche muss ich hastig verlassen. Ich will so schnell wie möglich wieder nach Räckelwitz zurück, um für meine Rehabilitierung zu kämpfen.

Außerdem muss ich mich auch noch um meine kranke Mutter kümmern, die ich glücklicherweise kurz vor dem Bombenhagel auf Dresden zu mir in das kleine Dorf auf dem Lande geholt habe, wo die Kriegsfolgen kaum zu spüren sind. Mutter wäre natürlich auch gern bei der Amtseinführung ihres Sohnes dabei gewesen. Aber das wäre in ihrem gesundheitlichen Zustand viel zu anstrengend für sie gewesen.

Ich bin 1943 aus einer Dresdner Schule nach Räckelwitz delegiert worden, um an der dortigen Volksschule einen Lehrer zu vertreten, der zum Kriegsdienst eingezogen wurde. Auf der unbequemen Rückfahrt mit Bus und Bahn läuft an einem so bedeutenden Tag meines Bruders unsere gemeinsame, unbeschwerte Jugendzeit noch einmal wie ein Film vor mir ab. Es war ganz klar, dass Willi Pfarrer wird. Mein drei Jahre älterer Bruder hat mir oft aus der Bibel vorgelesen, mich in den Kindergottesdienst mitgenommen und für den Kirchenchor begeistert. Wir sind beide ohnehin sehr musikalisch. Willi liebt es, Wanderlieder auf der Gitarre zu begleiten, ich hatte als zehnjähriges Mädchen vier Jahre lang Klavierunterricht. Gleich danach gab es 1910 das unselige Malerei Intermezzo. Musik aber blieb meine Leidenschaft. Das ist auch neben französisch mein Wahlfach als Volksschullehrerin.

Wenn ich jetzt auf der ziemlich morschen Holzbank im Abteil des ruckelnden Personenzuges so über mein bisheriges Leben nachdenke, staune ich selbst ein bisschen darüber, was ich als Frau geschafft habe. Wo doch berufliche Tätigkeiten für das weibliche Geschlecht lange Zeit eher verpönt waren. Schon eine gute Schulbildung für Frauen war im Kaiserreich selten. Der Besuch der höheren Töchterschule war ein Privileg, das ich sehr zu schätzen wusste. In ganz Sachsen legten 1916, als ich mein Abitur machte, gerade einmal 60 junge Frauen die Reifeprüfung ab. Nachträglich für mich fast unfassbar, dass ich schon am Ende des Ersten Weltkriegs für einen an die Front abkommandierten Lehrer als gerade mal 21 Jahre blutjunge Aushilfskraft einspringen musste. Eine ähnliche Situation wie im Zweiten Weltkrieg. Jetzt war ich schon fast 30 Jahre an Schulen in völlig unterschiedlichen politischen Systemen in Sachsen tätig und dann dieser Rauswurf. Das kann doch noch nicht das Ende sein. So kurz vor meinem 50. Geburtstag. Da bleibt doch eigentlich noch viel Zeit für die berufliche Tätigkeit, die für mich stets Berufung war. Wenn man mich denn ließe. Ich will kämpfen, das wird mir jetzt hier, auf der Fahrt nach Hause, immer klarer. Vielleicht kann mir dabei auch mein Bruder helfen, der eine Bilderbuchkarriere hinlegte. Als Kaplan, Pfarrer und Caritasdirektor vor dem jetzigen Höhepunkt seiner Laufbahn als Propst. Es ist für mich unglaublich wichtig, dass Willi immer in meiner Nähe bleibt. Wir sind in und um Dresden fest verwurzelt. Bei der engen Bindung zu meinem Bruder und der Kirche war es für mich ganz selbstverständlich, dass ich, wann immer es ging, an katholischen Schulen lehrte. Bis 1938, als konfessionelle Lehranstalten vom NS-Regime aufgelöst wurden, und ich an eine normale staatliche Schule versetzt wurde. Den kirchenfeindlichen Akt empfand ich als barbarisch. Noch dazu hatte auch meine Mitgliedschaft in der NS Frauenschaft, die mir jetzt so zur Last gelegt wird, die katholische Schule nicht vor der Schließung retten können. Ich bin völlig unverschuldet zwischen politische Mühlsteine geraten. Dabei will ich einfach nur weiter Lehrerin sein. Erst recht jetzt, in einem Staat, der eine Demokratisierung der Gesellschaft verspricht.

Aber da ist ja auch noch das Gemälde „Marzella", dessen Existenz mich so sehr belastet. Manchmal wünschte ich mir, dass „mein Bild" die Kriegswirren nicht überstanden hätte, verbrannt oder auf andere Weise vernichtet wäre.

In meiner Wahlheimat Räckelwitz und den umliegenden Gemeinden leben vorwiegend Sorben, eine nationale Minderheit, die es in den Jahren der NS-Herrschaft sehr schwer hatte, ihre Sprache und Kultur nach alter Tradition zu pflegen. Nachdem die Nazis merkten, dass die Sorben nicht bereit waren, sich dem faschistischen Staat unterzuordnen, wurde ihre Organisation aufgelöst, und der Gebrauch der sorbischen Sprache an Schulen verboten. Ich bin bei den Eltern der Schüler meiner zweisprachigen Schule sehr beliebt, weil ich das sorbische Brauchtum, so gut es die Umstände zulassen, respektiere. Außerdem sind fast alle Sorben fromme Katholiken. Auch deshalb fühle ich mich dieser Volksgruppe sehr verbunden.

Ich werde von den Sorben die „kleine Sprentzelka" genannt. Nicht nur ich habe dort einen guten Ruf, sondern auch Willi, denn der war von 1927 bis zum Beginn des Krieges an der Liebfrauenkirche in Bautzen, der Hauptstadt der Sorben in der Lausitz, als Pfarrer tätig. Er hat nicht nur die sorbische Sprache gelernt, sondern man würdigte auch seine Bemühungen, die NS-Repressalien zu mindern.

Als die Eltern der Schüler von meiner Entlassung hörten, gab es eine unglaubliche Welle der Solidarität mit mir. Es wurde in zahlreichenSchreiben an das Schulamt auf meine fachliche Qualifikation und meine tadellose Gesinnung während der Zeit des Nationalsozialismus hingewiesen. Genauso wichtig ist angesichts meiner finanziellen Probleme das Angebot vieler Eltern, bei ihnen zu Hause Näh-, Strick- und Flickarbeiten zu verrichten, sowie bei anderen Gelegenheiten im Haushalt zu helfen.

Die Behörden teilten mir überraschend schnell, ohne Begründung, kurz und bündig mit, dass meine Entlassung vom Schuldienst aufrechterhalten wird. Eine Situation, die natürlich auch für meine Mutter nebenan im katholischen Krankenhaus eine zusätzliche Belastung ist. Aber die Ordensschwestern, mit denen ich eng vertraut bin, pflegen sie mit großer Hingabe und Zuwendung. Mutter, die unter Durchblutungsstörungen und Herzproblemen leidet, wird in wenigen Wochen 80 Jahre alt.

Um die Weihnachtszeit 1945 hat sich ihr Zustand immerhin so gebessert, dass sie mit mir den kurzen Weg zur kleinen Kapelle auf dem Maltesergelände gehen kann. Endlich wieder eine tägliche Andacht. Zeit innezuhalten und an Mutters wunderbare Fürsorge zu denken. Auch sie ist eine sehr gläubige Frau, die erst ein Jahr vor meiner Geburt aus Liebe zu meinem Vater vom protestantischen zum katholischen Glauben wechselte. Vaters Tod vor 11 Jahren, relativ kurz nach seiner Pensionierung als höherer Postbeamter, hat Mutter nie richtig verkraftet. Das ist sicherlich auch die Hauptursache ihrer Krankheit. Sie ist noch heute eine sehr kluge, belesene, kunstinteressierte alte Dame. Bei uns zu Hause hat sie die Erziehungsaufgaben übernommen. Ihr vor allen Dingen haben mein Bruder und ich unsere Hochschulausbildung zu verdanken. Dabei machte sie in ihrer Förderung keinen Unterschied zwischen dem Sohn und der Tochter, was damals keineswegs selbstverständlich war.

Mutter und ich hatten in der Kapelle einen Lieblingsplatz ganz vorn links am Gang. Dort sitzen wir nicht selten allein dicht nebeneinander, im stillen Gebet vereint. Es gibt ja so viel, wofür ich um göttlichen Beistand bitte. Neben den drängenden persönlichen Problemen nach den schrecklichen Jahren des Krieges natürlich die Hoffnung auf einen dauerhaften Frieden, der schon wieder brüchig wirkt, angesichts der ideologischen Gegensätze zwischen den kurz zuvor noch gegen NS-Deutschland verbündeten Amerikanern und Russen. Natürlich bete ich auch für Mutters Gesundheit und Willis Erfolg beim Wiederaufbau der Hofkirche. Aber keiner wird es mir verdenken, dass meine Gedanken immer wieder darum kreisen, dass mein geradezu flehentliches Bitten um Wiederbeschäftigung als Lehrerin erhört wird. Von meiner ständigen, manchmal panischen Angst, doch noch eines Tages als einstiges Aktmodell von Ernst Ludwig Kirchner erkannt zu werden, habe ich Mutter nie etwas erzählt. Das Thema bleibt tabu. Ich weiß nicht, ob Mutter vielleicht auch immer noch ein spätes Debakel fürchtet.

Weihnachten 1945 wird schlicht, aber feierlich im Kreis der Ordensschwestern gefeiert. Die Gottesdienste stehen im Mittelpunkt. Natürlich besonders die Christmesse, der ersten nach dem Krieg. Die Kapelle ist überfüllt mit sorbischen Katholiken aus dem Ort. Auch zahlreiche Kollegen aus meiner alten Schule kommen. Viele spenden Trost. Es tut gut und hilft doch wenig.

Gerade die Festtage sind beklemmend für mich. Ich hoffe aber dennoch auf ein besseres Jahr 1946. Das bleibt allerdings Wunschdenken, denn gleich im Januar gibt es eine Katastrophe für mich und meine Familie.

Am 27. Januar feiere ich mit meiner Mutter wie jede Woche die Sonntagsmesse, als sie gleich zu Beginn des Gottesdienstes von einem Gehirnschlag getroffen wird. Was für ein Drama, ein unfassbarer Schicksalsschlag, der viel schlimmer für mich ist als alle beruflichen Probleme. In meiner Verzweiflung rede ich völlig unartikuliert auf Mutter ein. Es ist zu spät. Alle intensiven Bemühungen der Ärzte aus dem Malteser Krankenhaus, Mutters Leben zu retten, haben keinen Erfolg. Sie stirbt noch an diesem Nachmittag. Ein Schock für mich und meinen Bruder, der auch sehr an Mutter hing. Er besitzt bereits einen Dienstwagen und kommt sofort nach Räckelwitz, um möglichst schnell an meiner Seite zu sein. Als er mich umarmt, sagt er: „Zella, du hast Mutter so sehr geholfen. Welch ein Glück, dass Du sie eine Woche vor den apokalyptischen Zerstörungen in Dresden hierher geholt hast. Du hast ihr damit ein friedliches letztes Jahr ganz nah bei Dir geschenkt. Du weißt ja, dass unser Elternhaus ausgebrannt ist. Und außerdem, Zella, glaube mir, dass sich Mutter vielleicht sogar so einen Tod gewünscht hat. Beim Gottesdienst. Viele Menschen träumen davon, bei ihrer Lieblingsbeschäftigung tot umzufallen. Für Mutter gab es doch nichts Wichtigeres und Schöneres als unsere Kirche, besonders nach Vaters Tod. Die Andachten gaben ihr stets Halt und Kraft."

Obwohl ich total aufgewühlt bin, werde ich bei diesen Sätzen immer ruhiger und bewundere Willi einmal mehr dafür, wie er selbst in dieser schrecklichen Situation die richtigen Worte des Trostes für uns beide findet.

Bereits drei Tage später zelebriert Willi in der kleinen Räckelwitzer Kapelle ein ergreifendes Requiem. Bewusst nicht in Dresden, weil er in Räckelwitz nicht nur den Pflegern vor Ort danken will, sondern auch den Einwohnern des Ortes, sowie den tüchtigen Ärzten und Schwestern des Krankenhauses. Die Kapelle ist viel zu klein für die Trauerfeier, in der mein Bruder die Menschen segnet. Die Sitzplätze reichen bei weitem nicht aus. Die Gläubigen stehen dicht gedrängt. Sie wollen mir, ihrem Fräulein Sprentzel, ein herzliches Beileid bekunden, aber darüber hinaus ist es für die frommen Katholiken ein besonderes Ereignis, dass mein Bruder, der berühmte Propst der Dresdner Hofkirche, in ihren Ort gekommen ist. Als er am Schluss seiner Predigt dann auch noch einige Worte in sorbischer Sprache an die Räckelwitzer richtet, sind die Menschen tief bewegt. Dieser Propst ist für sie ein herausragender Repräsentant der Kirche, aber eben auch ein Mann des Volkes.

Vor seiner Abreise hat Willi noch etwas Zeit, mit mir über Mutters Leben und Wirken zu sprechen. „Sie war eine wunderbare Frau. Wir haben ihr viel zu verdanken," sagt er. Ich nicke und füge einmal mehr selbstkritisch hinzu: „Es tut mir immer noch sehr leid, dass ich ihr damals so viel Kummer bereitet habe mit dem Kirchner Bild. Ich glaube, sie war besonders böse über mein Verhalten. Glaubst du, dass sie auch noch später darunter gelitten hat?" „Ganz sicher!", antwortet Willi ohne zu zögern. „Das war ein harter Schlag für Mutter. Sie konnte es, glaube ich, bis zuletzt nicht fassen, dass die sonst so brave und strebsame kleine Marzella sich auf so etwas Anstößiges eingelassen hat." Willi schaut jetzt selbst ungewöhnlich streng. „Aber du warst doch der Einzige in der Familie, der damals ein bisschen Mitleid mit mir hatte, als alle über mich herfielen", versuche ich mich kleinlaut zu rechtfertigen. Aber Willi wird jetzt sehr grundsätzlich. „Ja, damals warst Du meine kleine 14 Jahre alte Schwester, die es zu beschützen galt gegen die massiven Vorwürfe unserer Eltern. Ich war noch kein

Pfarrer sondern ein Abiturient. Heute sehe ich das wie Mama und Papa, eigentlich noch krasser", entgegnet Willi. „Wie meinst du das?", frage ich. Jetzt spricht nicht mehr nur der Bruder, sondern immer mehr der Kirchenmann. „Es war einfach eine Schande, was Du gemacht hast. Immerhin warst Du ja auch damals schon eine gute Katholikin, die Moral und Anstand gelernt hat. Dich dem Maler auszuliefern, noch dazu, um Dich nackt malen zu lassen. Unfassbar! Eine unentschuldbare Sünde." Ich bin verblüfft, dass Willi meine Episode noch heute offenbar so bewegt. Eine zusätzliche Belastung für mich. Wir haben lange nicht mehr über die alte Geschichte gesprochen. Ich versuche mich krampfhaft zu verteidigen. „Das ist ja alles richtig, Willi, was du sagst, aber ich habe doch mein Fehlverhalten sofort eingesehen, gebeichtet und alles zutiefst bereut und versprochen, nie mehr zu den Malern in die Berliner Straße zu gehen. Das habe ich auch eingehalten." Willi bleibt kühl: „Das ist ja auch das Mindeste, was die Eltern damals verlangen konnten." „Sie haben noch viel mehr von mir verlangt!", rufe ich jetzt schon sichtlich erregt. „Ja, ja. Sie waren zu Recht stinksauer und enttäuscht von Dir. Ihre ganze Erziehung schien plötzlich in Trümmern zu liegen", sagt Willi in knurrendem Ton. „Aber wurdest du wirklich hart bestraft? Also, geschlagen haben Sie dich ja immerhin nicht." „Wenn sie das nur getan hätten", erwidere ich, „dann hätte ich das vielleicht als verdiente Strafe akzeptiert.

Eine Tracht Prügel ist für Kinder nie angenehm, aber immer noch besser als die seelischen Qualen, die mir Mama und Papa mit ihren Erziehungsmaßnahmen zugemutet haben." „Wenn ich mich richtig erinnere, wurdest Du lediglich stärker in kirchliche Obhut gegeben, damit Du so etwas wie katholischen Nachhilfeunterricht bekommst. Die Eltern waren zu recht davon überzeugt, dass Dich nur mehr Frömmigkeit und eine bessere Bibelkenntnis auf den richtigen Lebensweg zurückführen kann." „Ach, Willi, das meine ich doch gar nicht. Die Bibelstunden, die Gebete und Meditationen haben mir eher geholfen, das ganze Ausmaß meiner Verfehlungen zu erkennen. Du weißt, dass die Gottesdienste mir noch heute die nötige Kraft geben, um nicht an meinen Sünden zu verzweifeln. Nein, Willi, sogar für eine Einweisung ins Kloster hätte ich Verständnis gehabt, angesichts dessen, was ich Euch allen angetan habe. Aber was ich nicht ertragen konnte, war die Art und Weise, wie ich zu Hause behandelt wurde. Die Eltern begegneten mir mit ständigem Misstrauen und immer neuen Vorwürfen. Sämtliche Kontakte zu Freundinnen wurden unterbunden. Mich umgab eine frostige Atmosphäre. Ich fühlte mich wie eine Schwerverbrecherin. Mein Leben war plötzlich die Hölle auf Erden. Das machte mir zu schaffen. Ich erkannte meine sonst so verständnisvollen Eltern nicht wieder. Ich hätte mir auch in dieser Situation ihre wohltuende Wärme gewünscht." An dieser Stelle versagt mir die Stimme. Während ich weiter um Worte ringe und weine, nimmt mich Willi zärtlich in die Arme. Immerhin.

Es dauert aber einige Zeit, bis ich, immer noch schluchzend, die quälende Diskussion mit ihm fortsetzen kann. „Weißt du, Willi, ich war ja einsichtig, und es war mit Sicherheit falsch und sündhaft, was ich gemacht habe. Aber manchmal habe ich mich schon gefragt, warum gerade Mama, die doch als Kunstliebhaberin Aktmalerei kannte, so unversöhnlich war." Willi versucht es mir zu erklären. „Aber Zella, es ist doch ein großer Unterschied, ob sie ein Aktbild im Museum gesehen hat oder ob ihre eigene Tochter nackt gemalt wurde. Du hast uns doch alle in eine schwierige Situation gebracht. Stell Dir mal vor, was gewesen wäre, wenn irgendjemand von Deiner Jugendtorheit erfahren hätte, der es nicht gut mit uns meint. Noch heute gibt es diese Gefahr." „Das ist doch alles schon so lange her. Mehr als 35 Jahre. Warum muss ich denn lebenslang darunter leiden?" Auch darauf hat Willi eine passende Antwort. „Das Bild trägt Deinen Namen. Das kann Dir heute noch zum Verhängnis werden. Auch gerade bei Deinen Bemühungen, wieder als Lehrerin arbeiten zu dürfen. Oder glaubst Du, man würde eine Frau einstellen, über deren Verfehlungen man tuschelt? Auch für mich hätte Deine Enttarnung fatale Folgen, gerade jetzt, wo ich als Propst auch eine wichtige moralische Verantwortung habe. Da darf in der eigenen Familie kein Schandfleck sein. Also, ich kann Dir nur raten, dafür zu beten, dass nach wie vor nichts herauskommt. Es wäre schrecklich für uns alle." Ich kann nichts erwidern. Ich beginne wieder zu zittern, wie so oft, wenn ich an mögliche Folgen der Malerei denke.

Scham und Angst sind zurück. In den Kriegsjahren gelang es mir, alles ein wenig zu verdrängen, auch weil es so viele andere lebensbedrohliche Probleme gab. Was bedeutete schon mein damaliger Ausrutscher, in einer Zeit, in der Dresden in Schutt und Asche versank? So dachte ich in letzter Zeit und versuchte mich ein bisschen zu entlasten. Jetzt aber, nach dem Gespräch mit meinem Bruder, ist es eher schlimmer als zuvor. Der Sommer 1910 war wieder gespenstisch gegenwärtig.

Das Gemälde „Marzella" wurde im September 1910 erstmals bei einer Ausstellung der „Brücke" Künstler in der berühmten Dresdner Galerie Arnold gezeigt. Ernst Ludwig Kirchner persönlich hatte dafür gesorgt, dass dieses Bild an herausragender Stelle, gleich hinter dem Eingang, für jeden Besucher als Blickfang aufgehängt wurde. Kirchner schien auf dieses Werk besonders stolz zu sein. Kurz nach Eröffnung der Ausstellung wird Mutter von einer Freundin nach dem Kirchgang ziemlich empört angesprochen.

„Hallo, Valeska, Du gehst doch auch gern in Museen und Galerien. Vielleicht hast Du schon in der Zeitung von den „Brücke" Malern gelesen, die bei Arnold ausstellen. Also, Du weißt ja, dass ich zu so etwas ganz neugierig sofort hingehe. Aber ich kann Dich nur warnen. Was es da zu sehen gibt, ist so obszön, dass mir die Worte fehlen." Die Frau schimpfte wie ein Rohrspatz. „Was die Presse fratzenhafte Verzerrungen oder Farbenirrsinn nennt, finde ich gar nicht so schlimm, aber stelle Dir vor, da werden blutjunge Mädchen, insbesondere von Kirchner und Heckel, in höchst fragwürdigen Posen gemalt. Eine Zeitung schrieb von grotesken Scherzen. Also, ich kann das gar nicht komisch finden, wenn Minderjährige mit einer Überbetonung ihrer Geschlechtsteile dargestellt werden. Das hat für mich pornografische Züge, die sich eigentlich nur pädophile Menschen ausdenken können." Einmal in Rage fuhr die Freundin fort: „ Du kennst doch sicherlich das „Kunstwort", die wohl bedeutendste Kulturzeitschrift des

Reiches?" „Natürlich", antwortet meine Mutter vermeintlich höchst interessiert. „Also, da wird Kirchner nach dieser Ausstellung eine unheilbare Talentlosigkeit vorgeworfen. Die „Brücke" Maler seien nichts anderes als Hottentotten im Frack. Nun ja, das mag Geschmackssache sein. Aber die Motive der Bilder sind einfach skandalös."

Mutter erzählte ihrer Freundin nicht, dass sie schon vorher in der Ausstellung war. Zum Glück, denn jetzt wurde es noch richtig peinlich für sie. „Übrigens, Valeska, einem dieser schamlosen Bilder hat Kirchner doch tatsächlich den Namen Marzella gegeben. Genauso geschrieben wie Deine kleine Marzella." „Ach, wirklich? Ein schöner, aber seltener Name", sagte Mutter und versuchte amüsiert zu wirken. „Valeska, Du würdest es wahrscheinlich nicht sehr witzig finden, wenn Du diese Marzella siehst. Natürlich nackt, aber auch noch geschminkt, lackierte Fingernägel und gefärbte Haare. Auf mich wirkte sie wie eine Dirne." „Das klingt ja entsetzlich", erwiderte Mutter völlig irritiert. Die Freundin legte immer noch nach. „Also, Valeska, wir haben ja beide junge Töchter. Was sind das bloß für Eltern, die ihre Kinder so leichtfertig den Malern zur Verfügung stellen? Aber man spricht ja schon lange darüber, dass in den Ateliers leichte Mädchen aus schlimmen Milieus ein- und ausgehen. Angeblich bieten armselige Eltern ihre Töchter gegen Bezahlung als Nacktmodelle an." „Furchtbar", seufzt Mutter echt betroffen. „Ja, Valeska, die Verrohung der Sitten nimmt immer mehr zu. Sei froh, dass Deine Marzella so fromm und gottesfürchtig ist. Und noch dazu so strebsam. Sie wird bestimmt eines Tages eine gute Lehrerin. Ein so feines Mädchen, aber sie wird ja auch von Euch vorbildlich behütet."

Mutter war total aufgewühlt von dem Gespräch und hat mir zu Hause sofort davon in allen Einzelheiten berichtet. Natürlich auch, um mein Schuldgefühl zu verstärken. Das ist ihr mühelos gelungen. Plötzlich aber stellte Mutter, wohl auch noch unter dem Eindruck der fassungslosen Freundin, eine Frage, die ihr mit Sicherheit nicht leicht gefallen ist, weil sie noch nie intime Themen mit mir besprochen hatte. „Hat Kirchner Dich berührt?" platzte es unvermittelt aus ihr heraus. Ich kann nicht antworten. Ich beginne nur noch hemmungslos zu weinen. Ich bin entsetzt, dass Mutter mir möglicherweise sogar zutraut, dass ich es zu sexuellen Übergriffen kommen ließ. Das frühere Vertrauensverhältnis war ziemlich zerstört. Eine schlimme Zeit für mich damals 1910 als Schülerin mit höheren Ambitionen und eine Seelenqual noch heute, 36 Jahre später, nach Willis Standpauke. Er hat ja so Recht, musste ich anerkennen. Jederzeit kann das lange gehütete Geheimnis gelüftet werden und in eine Katastrophe für Willi und mich münden.

In den folgenden Wochen und Monaten bin ich vorwiegend als Haushaltshilfe in Räckelwitz tätig. Die Unterstützung der Eltern ehemaliger Schüler tut mir gut. Ein bisschen Bargeld ist zwar die Grundlage meines schlichten Lebens, aber die Reichsmark ist nichts mehr wert und zu kaufen gibt es ohnehin wenig. So sind die warmen, schmackhaften Mahlzeiten in den meist bäuerlichen Familien mit eigenen Landwirtschaftsprodukten für mich das Wichtigste. Als Dank für die Solidarität und Freundlichkeit der Eltern gebe ich interessierten Schülern kostenlosen Klavierunterricht in meiner neuen kleinen Wohnung in der Dorfstraße 1. Die Miete dafür zahlt mein Bruder. In geradezu rührender Weise bestätigen die Menschen, bei denen ich arbeite, schriftlich meine Tätigkeiten, in der Hoffnung, damit mir, der beliebten ehemaligen Lehrerin, ein bisschen helfen zu können.

„Fräulein Marzella Sprentzel hat seit ihrer Dienstentlassung täglich bei uns geholfen und für meinen großen Haushalt genäht und geflickt", liest man dort ebenso wie von meiner Hilfe bei der Erntearbeit. Die sorbische Kultur wird mir durch meine direkten Kontakte mit den Familien immer vertrauter. So ist es für mich als Handarbeitsspezialistin selbstverständlich, dass ich mithelfe, die herrlichen bunten Trachten für die Feste der Sorben herzustellen. Endlich darf diese kleine Volksgruppe wieder unbeschwert feiern. Natürlich bin ich bei der sorbischen Fastnacht dabei. Mit ihr werden die langen Winter verabschiedet, sowie böse Geister und Dämonen vertrieben. In den Sommermonaten laden zahlreiche Dörfer zu Heimat- und

Volksfesten ein, die Besuchern einen Einblick in die sorbische Lebensart gewähren. Ich bin richtig stolz, dass ich wenigstens handwerklich ein bisschen zum neuen Glück der Sorben beitragen kann.

Neben der Liebe zu den Sorben und dem Kampf um das tägliche Brot kümmere ich mich natürlich intensiv um meine Rehabilitierung als Lehrerin. Geholfen wird mir von allen Seiten, besonders von den politischen Parteien. Ein SPD-Funktionär, der sich als kompromissloser Antifaschist und alter Gewerkschafter ausweist, schreibt zum Beispiel an das Bezirksschulamt: „Unterzeichneter kennt Fräulein Sprentzel schon über 20 Jahre, ebenfalls die gesamte Familie. Ihr Bruder, jetziger Propst von Dresden, ist wohl für seine antifaschistische Gesinnung bekannt. In meinen vielen Unterhaltungen, sei es Kriegspolitik der Nazis, Knebelung der freien Meinung, Judenfrage und allen anderen politischen Tagesfragen, immer waren wir uns einig. Ich habe nie den Eindruck gewonnen, dass ich es hier mit einer Faschistin zu tun habe. Ich übernehme volle politische Bürgschaft für Fräulein Sprentzel."

Gewürdigt wird auch meine Nachkriegstätigkeit für die Flüchtlingsfürsorge. Ein sehr kontroverses Thema in Räckelwitz, denn die Heimatvertriebenen aus den ehemaligen deutschen Ostgebieten waren keineswegs bei allen Einwohnern willkommen. Im Gegenteil: Gegen die Zwangseinweisungen liefen viele Menschen Sturm. Ich werde mit diesen Klagen bei meiner Arbeit in den Familien ständig konfrontiert. Da helfen auch meine Appelle an die christliche Nächstenliebe wenig. Kirchen und Behörden sind sehr froh, dass ich mich für die Flüchtlinge engagiere. Das ändert aber nichts daran, dass meine zahlreichen Wiederbeschäftigungsgesuche weiterhin kategorisch abgelehnt werden. Diesen trostlosen Zustand muss ich monatelang verkraften. Im Mai 1946 dann der erste Hoffnungsschimmer. Der Sonderausschuss des antifaschistischen demokratischen Blocks Sachsen, das mächtigste politische Gremium neben der sowjetischen Besatzungsmacht, teilt mir mit, dass man zu der Auffassung gekommen sei, dass ich einen bewussten Kampf gegen den Nazismus geführt habe. Dann der entscheidende Satz: „Der Ausschuss hat gegen ihre Wiedereinstellung im öffentlichen Dienst keine Bedenken."

Ich atme auf. Sollte meine Leidenszeit endlich zu Ende gehen? Sofort schreibe ich an die Landesverwaltung Dresden einen langen, handgeschriebenen Brief, in dem ich auf meine vermeintliche Rehabilitierung hinweise und darum bitte, wieder als Lehrerin arbeiten zu dürfen. Leidenschaftlich führe ich aus: „Es ist mir eine Qual, nun, da der neue Staat in Frieden und Freiheit aufgebaut wird, abseits stehen zu müssen, anstatt tatkräftig in meinem geliebten Beruf mitarbeiten zu können. Zu den Eltern in Räckelwitz habe ich ein herzliches Vertrauensverhältnis. Die meisten von ihnen legen Wert darauf, dass ihre Kinder neben der sorbischen Muttersprache noch gut deutsch lernen. Sie würden sich also von Herzen freuen, auch eine ordentliche deutsche Lehrkraft zu haben, die ihre Kinder gut kennt und zu der sie volles Vertrauen haben. In der Hoffnung, keine Fehlbitte getan zu haben, zeichnet hochachtungsvoll Marzella Sprentzel, Dresden zur Zeit Räckelwitz über Kamenz."

Auch der Kreisschulrat unterstützt dieses Gesuch umgehend mit den Worten: „Fräulein Sprentzel war eine besonders tüchtige Lehrerin. Politische Bedenken kommen nicht mehr infrage."

Das ist leider ein Irrtum, denn die Landesverwaltung Sachsen, Abteilung Volksbildung antwortet kurz und knapp: „Die ausgesprochene Entlassung muss aufrechterhalten werden." Punkt. Keine Begründung. Niederschmetternd für mich, die ich so hoffnungsvoll war. Es dauert tatsächlich noch weitere 20 Monate bis zum Februar 1948, ehe das erlösende Schreiben der Schulbehörde bei mir eintrifft, mit dem Kernsatz: „Das Ministerium erteilt ausnahmsweise die Genehmigung Ihrer Verwendung im Schuldienst." Nicht ohne hinzuzufügen: „In eine leitende Stellung sind Sie nicht einzusetzen." Völlig egal, Hauptsache wieder Lehrerin. Dieser 1. März 1948 ist ein Freudentag für mich, nach all dem jahrelangen Hoffen und Bangen. Endlich einmal kann ich die Probleme, die ich mir mit meinem Gemälde 1910 eingehandelt habe, verdrängen.

Von einer erdrückenden Last befreit gehe ich mit strahlendem Gesicht den kurzen Weg von meiner Wohnung zur Schule. Eine unbeschreibliche Vorfreude hat mich gepackt. Aber ich bin auch so aufgeregt, als würde meine Lehrtätigkeit jetzt erst beginnen. Das altehrwürdige Gebäude, das mit einigen Umbauten schon seit 1839 hier stand, hat sich in den Kriegsjahren kaum verändert. Während in Dresden von den 140 Lehreinrichtungen 120 zerstört oder stark beschädigt wurden, blieb meine Schule in Räckelwitz völlig unversehrt. Aber im Lehrerzimmer gibt es viele neue Gesichter. Man hat mir schon erzählt, dass ich nicht die Einzige war, die nach 1945 suspendiert wurde. Es gab eine regelrechte Säuberungswelle in der sowjetischen Besatzungszone. Um sicherzustellen, dass möglichst keine durch eine NS-Vergangenheit belasteten Pädagogen unterrichten, wurden zahlreiche Entlassungen verfügt , und in wenigen Monaten sogenannte Neulehrer ausgebildet. Auch jungen Arbeitern wurde so der Weg in den Schuldienst ermöglicht. Die ideologische Zuverlässigkeit war wichtiger als die fachliche Qualifikation.

 Der neue Rektor ist ein strammer Kommunist, mit einer ganz anderen Weltanschauung als ich. Aber das stört mich jetzt überhaupt nicht. Ich bin einfach nur glücklich, wieder im Klassenraum stehen zu dürfen. Es ist mir auch schon früher stets gelungen, mich politisch aus allem herauszuhalten. Ich hatte mir fest vorgenommen, das auch weiterhin durchzuhalten. Die einheitliche Ausrichtung der Lehrpläne und Lehrbücher war mir schon aus der NS-Zeit sehr vertraut. Da ich vor allem französisch und Musik unterrichte, kann ich politische Klippen oft geschickt umschiffen. Aber es ist ein schmaler Grat, denn in meinem Wiedereinstellungsbescheid steht auch, dass der Kreisschulrat für meine besondere politische und pädagogische Beobachtung verantwortlich sei, und ein erster Bericht schon in zwei Monaten erwartet wird.

Er fällt sehr positiv aus. Ich verhalte mich absolut systemkonform, um nichts zu riskieren. Zu kostbar war die Rückkehr in meinen Beruf. Ich muss an der sorbischen Schule, die endlich wieder zweisprachig ist, erstmals auch ältere Kinder unterrichten, denn die Grundschulzeit dauert in der SBZ nicht nur wie früher fünf, sondern jetzt acht Jahre. Es sind also einige Schüler dabei, die so alt sind wie ich, bei meiner Eskapade 1910. Da mein Bruder und ich keine Kinder haben, sind mir ältere Jugendliche bisher ziemlich fremd. Ich frage mich, ob ein besonders braves und intelligentes Mädchen meiner 8. Klasse vielleicht auch zu irgendeiner Dummheit fähig wäre, die sie so lange belasten könnte, wie mich. Wenn ich ernsthaft darüber nachdenke, erschrecke ich geradezu über so abwegige, absurde Gedanken. Mir ist natürlich schnell klar, dass es geradezu lächerlich ist, ein 14-jähriges Mädchen aus dem wilhelminischen Kaiserreich mit der Zeit nach dem Zweiten Weltkrieg überhaupt nur ansatzweise zu vergleichen. Abgesehen davon würden sich die jungen Leute von heute wahrscheinlich viel eher Dinge erlauben, die in meiner Kindheit undenkbar waren. Allerdings kaum im verträumten Räckelwitz. Da ist die Welt noch viel eher in Ordnung als in den Großstädten. Schlimm genug, dass ich mich mit völlig irrationalen Phantasien belaste. Im Unterbewusstsein quält mich mein schlechtes Gewissen immer wieder. In positiven Phasen, die jetzt häufiger auftreten, bin ich so dankbar, dass ich letzten Endes nicht zu den eineinhalb Millionen Menschen in Ostdeutschland gehöre, die auf Befehl der Sowjets dauerhaft aus den Dienststellen und staatlichen Einrichtungen entfernt werden.

 Erst wenige Tage nach meiner Rückkehr in die Schule am 10. März 1948 wird das Entnazifizierungsverfahren in der sowjetischen Besatzungszone abgeschlossen. Aber die persönlichen Probleme der Menschen werden in diesen Monaten wieder einmal von politischen Turbulenzen überlagert. Der Ost-Westkonflikt droht zu eskalieren. Die sowjetische Blockade West-Berlins, die am 24. Juni 1948 begann, lässt das Schlimmste, vielleicht sogar einen dritten Weltkrieg befürchten. Aber zum Glück gibt es nach dem Ende der mehr als 10 Monate langen Abriegelung West-Berlins nur einen kalten Krieg der Großmächte und die für viele schmerzhafte Teilung Deutschlands.

Ich lebe und arbeite jetzt in der DDR. Ich muss nun noch mehr aufpassen, keine politischen Patzer zu machen, denn der Druck auf die ideologische Ausrichtung und Linientreue der Schulen wird immer größer. Aber mit meiner fachlichen Kompetenz versuche ich, wieder wie früher zu überzeugen. Ich habe einen tadellosen Ruf an meiner Schule. Auch der Rektor schätzt mich, obwohl ich nicht wie er das Parteiabzeichen der SED trage. Meine CDU-Mitgliedschaft ist ein ideales Alibi, zumal die östlichen Christdemokraten zu einer sogenannten Blockpartei werden, also dieselben politischen Ziele wie die sozialistische Einheitspartei vertreten müssen. Das CDU-Ticket, das ich noch dazu mit meiner christlichen Gesinnung begründen kann, macht mich politisch weniger angreifbar.

Lehrerin zu sein ist für mich eine Berufung. Als der Rektor mich einmal fragt, warum ich nicht verheiratet sei, antworte ich mit dem Brustton der Überzeugung: „Das wäre nichts für mich. Ich will immer für meine Schüler da sein." Ich sage bewusst „meine Schüler". Das empfinde ich auch so. Ein Lehrerinnenzölibat, das es in vielen Jahren meiner Tätigkeit immer mal wieder in Deutschland gab, habe ich nicht nötig. Die Ehe hätte mich nur von meiner eigentlichen Lebensaufgabe abgelenkt.

Im schulischen Alltag gelte ich eigentlich als überqualifiziert. Mit meiner Ausbildung und meinen Fähigkeiten hätte ich jederzeit auch an Gymnasien unterrichten können. Mein Verdienst ist es, dass plötzlich Musik für viele Schüler zum Lieblingsfach wird. Es gelingt mir, auch weniger begabte Kinder für gesangliche Übungen zu interessieren. Dabei habe ich durchaus ehrgeizige Lernziele und studiere zum Beispiel mit einer 6. Klasse „Die Himmel rühmen" ein. Dieses von Ludwig van Beethoven so brillant vertonte Gedicht ist mit seinen sechs Strophen ziemlich anspruchsvoll. Aber meine Schüler geben sich unglaublich viel Mühe.

Da ich kaum größer bin als die Schüler, steige ich stets auf einen Hocker, um die Klasse beim Dirigieren besser überblicken zu können. Ein köstliches Bild, das normalerweise für viel Spott bei Schülern sorgen könnte.

Aber ich bin offensichtlich eine Respektperson. Man sagt, ich sei körperlich klein, aber als Pädagogin ganz groß.

Wegen meiner vielseitigen Verwendbarkeit werde ich oft für Vertretungsstunden eingesetzt. Als ein Zeichenlehrer einige Zeit ausfällt, werde ich gebeten, dieses Fach zu unterrichten. „Sie sind doch eine Kunstexpertin", begründet der Rektor seine Einteilung, als müsste eine Musikpädagogin auch eine gute Zeichenlehrerin sein. Völlig absurd, aber egal, denke ich. Ich werde das schon schaffen. Auch wenn es sich ausgerechnet um eine 8. Klasse handelt, mit der ich noch so unerfahren bin. Möglicherweise verstehen die schon mehr von bildender Kunst als ich selbst, fürchte ich. Sicherheitshalber frage ich die Schüler, woran sie denn besonders interessiert seien. Wie das eben Vertretungslehrer so machen. Ein Junge in der letzten Reihe sagt gleich wie aus der Pistole geschossen: „Die Brücke Maler haben doch hier in der Nähe, in Dresden, gearbeitet. Können Sie uns dazu etwas sagen?" Ich zucke zusammen und druckse sichtlich nervös herum. „Also, das ist ziemlich kompliziert. Ihr wisst ja, dass ich keine Fachkraft bin." Ausgerechnet dieses Thema, denke ich mir. Das kann doch nicht wahr sein. Die Schüler aber lassen nicht locker. Jetzt meldet sich auch ein Mädchen, das neulich bei einem Museumsbesuch mit ihren Eltern Bilder der Dresdner Maler gesehen hat und beeindruckt war von den herrlichen Farben. Ich werde immer unsicherer. Dieses Mädchen sieht genauso aus wie ich damals. Klein, eher unscheinbar, aber sehr interessiert. Sogar meine heute gar nicht mehr moderne Schleife hat sie im Haar. Als auch der Rest der Klasse mehr über die „Brücke" Künstler erfahren will, spüre ich, dass ich mich dieser Thematik stellen muss. Alles andere hätte meinen Ruf als umfassend gebildete Lehrerin beschädigt. Ein Schüler weiß, dass Kirchner, Heckel und Pechstein bedeutende „Brücke" Maler waren. Ein Junge fragt: „Wurden da auch Nacktbilder gezeichnet?" Allgemeines Gelächter. Ich erröte sogar ein bisschen und antworte kleinlaut: „Das weiß ich nicht! Aber was du Nacktbilder nennst, bezeichnet man als Aktmalerei. Das kann es natürlich gegeben haben. Und wenn schon! Das gehört zur Malerei dazu. Das waren junge Leute, die wollten etwas ausprobieren. Sie haben sich eben gegen die starren Traditionen gestellt." Ein Junge ruft dazwischen: „Sie scheinen sich ja doch ganz gut auszukennen." Ich fühle mich ertappt und durchschaut. Ehe ich in meiner Verlegenheit etwas erwidern kann, meldet sich noch einmal das Mädchen zu Wort, das Bilder im Museum gesehen hat. „Also, mir ist aufgefallen, dass da vor allem Mädchen gemalt wurden, ziemlich jung, so etwa in meinem Alter und wirklich meistens nackt." Wieder ein pubertäres Glucksen bei den Jungen in der Klasse. Das Mädchen fragt mich: „Haben die Brücke Maler wirklich besonders gern junge Mädchen gemalt?" Ich werde immer betretener und unsicherer. „Schon möglich", murmele ich, „aber darüber weiß ich zu wenig. Vielleicht waren junge Mädchen einfach unverkrampfter im Umgang mit den Malern, schneller bereit, ihre künstlerischen Wünsche zu erfüllen." In dem Moment, wo ich das sage, hätte ich mir am liebsten schon wieder auf die Zunge gebissen. Jedes Wort schien mir zu viel und verräterisch. Aber die wissbegierige Schülerin hakt nach. „Also, die Bilder sind ja vor etwa 40 Jahren entstanden. Ich schätze mal, da waren Sie auch etwa in dem Alter wie die Mädchen, die ich gesehen habe. Hätten Sie sich damals auch malen lassen, so ganz unverkrampft, wie Sie gesagt haben?" Ich muss tief durchatmen, um dann aber sofort entschlossen klarzustellen: „Ich hätte mich natürlich niemals malen lassen. Erstens habe ich mich für die Malerei nie richtig interessiert, und zweitens hätte ich dafür keine Zeit gehabt. Ich war in diesen Jahren in der Schule vollauf beschäftigt und hatte außerdem mehrmals in der Woche Musikunterricht." „Hätten Sie auch moralische Bedenken gehabt?", will ein Junge wissen. „Na ja," meine Eltern hätten das mit Sicherheit nicht erlaubt, denn Aktmalerei gehörte ganz bestimmt nicht zu den üblichen Freizeitbeschäftigungen von Mädchen in Eurem Alter. Das wäre heute übrigens nicht anders." Es war eine anstrengende und mal wieder aufwühlende Vertretungsstunde. Ich dachte mir, es hätte nur noch gefehlt, dass das Mädchen sagt: Ein Bild, das ich gesehen habe, hieß Marzella. Da habe ich gleich an Sie gedacht.

Es gab eben immer wieder Situationen, in denen ich fürchtete, mit dem damaligen Ateliergeschehen konfrontiert und dann entsprechend geächtet und gesellschaftlich ausgestoßen zu werden. Allein, wenn von Kirchner und 1910 im Entferntesten die Rede ist, werde ich geradezu hysterisch. In diesen Momenten überlege ich mir in meiner panischen Angst, wo Stolpersteine mir möglicherweise zum Verhängnis werden könnten. Gerade denke ich daran, dass ich im Personalbogen, den ich bei meinem Rehabilitierungsverfahren ausfüllen musste, unter der Rubrik „Hobbies" selbstverständlich meinen Schwimm- und Klavierunterricht als Jugendliche aufgeführt habe, aber eben nicht meinen schrecklichen Beitrag zur Geschichte der Malerei. War das ein Fehler, oder handelte es sich bei der kurzen Modellphase um eine ganz private Tätigkeit, die man nun wirklich kaum als Hobby bezeichnen kann? Gerade beim Personalbogen interessieren sich insbesondere politisch motivierte Behörden oft für alle Details des Lebens. Aber gilt das nicht in erster Linie für die Zeit des Nationalsozialismus und nicht für irgendwelche Jugenderlebnisse in ferner Kaiserzeit? Doch warum hatte ich dann den Schwimm- und Klavierunterricht angegeben? Das fand ja auch in meiner Schulzeit statt. Aber das diente doch der Weiterbildung, versuche ich mich zu beruhigen, was man von dem Malabenteuer nicht gerade behaupten kann. So viele gegensätzliche Gedanken quälen mich Tag für Tag. Manchmal glaube ich, mein Gehirn sei ein Brummkreisel. Natürlich versuche ich mir auch beim Personalbogen eine Rechtfertigung für mein Verhalten zurechtzulegen, aber im gleichen Moment zweifele ich daran, dass meine Sicht der Dinge plausibel und überzeugend sei. Ich bin ein Nervenbündel, obwohl derzeit nichts dafür spricht, dass ich irgendwann doch noch enttarnt werde. Aber ich weiß genau, dass es auch nach vier Jahrzehnten in meinem eigentlich so harmlosen Fall im Gegensatz zu schweren Verbrechen keine Verjährung geben würde, wenn man eines Tages heraus bekäme, dass Kirchner mich, die Marzella Sprentzel, nackt gemalt hat. Ich glaube, dass ich viel, wenn nicht sogar alles, zu verlieren habe. Deshalb die permanente, lebenslange Unruhe.

Im Kollegium bin ich 1950 als jetzt fast 55 Jahre alte Frau inzwischen die Seniorin. Den jungen Lehrern stehe ich mit Rat und Tat zur Seite. Ich bin beliebt, weil ich versuche, nie mit meinem Wissen zu prahlen und dadurch nicht überheblich wirke. Nur gelegentlich wird hinter meinem Rücken gelästert, weil die Kollegen fast bei jeder schwierigen Situation erkennen, dass die Kirche mein Leben prägt. So auch kürzlich, als ein Neulehrer vor einer Prüfung stand, und ich ihn aufmunterte mit den Worten: „Beten Sie zum heiligen Geist." Das meine ich ganz ernst, voll davon überzeugt, ohne jede Ironie. Dann werde ich schon mal die fromme Helene genannt. Aber, ich glaube, menschlich hat keiner etwas an mir auszusetzen. Mein unpolitischer Unterrichtsstil gefällt dem kommunistischen Rektor zwar nicht, wird aber von ihm wegen meiner fachlichen Qualifikation zähneknirschend toleriert. Eines Tages gibt es einen Zwischenfall in meiner Musikstunde. In der 6. Klasse lasse ich die Schüler den Text der DDR-Nationalhymne aufsagen. An der Stelle, wo es heißt: „Auferstanden aus Ruinen", sagt ein 11-jähriger sorbischer Junge mit Sicherheit versehentlich: „Auferstanden aus Urinen." Schallendes Gelächter dröhnt durch die Klasse. Ich bemühe mich, ernst zu bleiben und den Jungen auf seinen Fehler aufmerksam zu machen. Ich glaubte, damit sei die Angelegenheit erledigt, aber weit gefehlt. Der Lapsus des Jungen hat sich sehr schnell bis zum Schulleiter herumgesprochen, vielleicht war auch Denunziation dabei. Auf jeden Fall bestellt der Rektor den Jungen und mich zu sich und spricht sofort von einer ungeheuren Provokation und Verunglimpfung des jungen sozialistischen Staates. Die Hymne sei das wichtigste Symbol der neuen Republik. Wer die ins Lächerliche ziehe, sei politisch unzuverlässig. Ich versuche, dem Rektor zu verdeutlichen, dass der Junge den Textfehler keineswegs absichtlich gemacht habe, und dass es ihm auch nachträglich sehr peinlich sei. Wahrscheinlich ist das nur passiert, weil der kleine Sorbe noch Schwierigkeiten mit der deutschen Sprache habe. Aber der Rektor bleibt unversöhnlich. Er will wohl ein Exempel statuieren und ordnet an, dass der völlig verängstigte Schüler einen Monat lang in der FDJ, der Jugendorganisation der SED, politischen Nachhilfeunterricht bekommt. Außerdem erhält er einen Tadel und eine Eintragung ins Klassenbuch. Auch ich werde streng verwarnt. Der Rektor erinnert daran, dass mit meiner Wiedereinstellung als Lehrerin die Anweisung verbunden gewesen sei, mein Verhalten drei Jahre lang intensiv zu beobachten. Diese Zeit sei noch nicht abgelaufen. „Es wäre klug von Ihnen, Fräulein Sprentzel, wenn Sie den Schülern etwas mehr Enthusiasmus für unser sozialistisches Vaterland vermitteln würden. Sonst könnte man auf die Idee kommen, dass Sie den Anforderungen der neuen Zeit nicht gewachsen sind und politische Disziplinlosigkeiten sogar dulden."

Ich war nach diesem Gespräch noch weitaus betroffener als der junge Schüler, der die Tragweite der Vorwürfe des Rektors noch gar nicht richtig einordnen konnte. Ich bin entsetzt, welche Folgen ein harmloser Flüchtigkeitsfehler haben kann. Das erinnerte mich fatal an die Nazizeit. Um aber meinen Job nicht zu gefährden, versuche ich nach wie vor politische Angriffsflächen so gut es geht zu vermeiden und den antifaschistischen Charakter der DDR, von dem ich eigentlich überzeugt bin, im Unterricht stärker hervorzuheben. Ich will keine Konfrontation mit meinem Vorgesetzten. Das kann ich mir überhaupt nicht erlauben, zumal die latente Bedrohung durch mein Kirchnerbild schon problematisch genug ist.

Zum Glück gibt es auch herzerfrischende Momente in der Schule. Zum Beispiel als ein Schüler der 7. Klasse mit strahlenden Augen auf mich zukommt und sagt: „Fräulein Sprentzel, stellen Sie sich vor, ich bin Ministrant in der Hofkirche bei Propst Sprentzel." Er schwärmt davon, dass er bereits bei der heiligen Messe assistieren durfte, indem er Wasser und Wein reichte und auch das Kreuz beim Einzug des Priesters zum Gottesdienst tragen durfte. Natürlich hatte es sich längst auch an der Schule in Räckelwitz herumgesprochen, dass ich die Schwester des berühmten Propstes bin, den gläubige sorbische Katholiken so verehren. Wer wie der Ministrant das Glück hatte, mit ihm persönlich zusammenzutreffen, empfand dies als eine Art Gottesgeschenk. Ich kann das nachvollziehen, denn für mich ist mein Bruder ja auch ein ganz besonderer Mensch, für mich persönlich auf jeden Fall die höchste moralische Instanz. Deshalb nehme ich ja auch seine Vorwürfe wegen meiner Jugendtorheit so ernst.

Viele sogenannte Neulehrer sind dankbar für meine Unterstützung mit Rat und Tat. Ich gebe den unerfahrenen Kollegen wertvolle Hinweise für die Unterrichtsgestaltung. Eine junge Frau, sie heißt Gertrud Arlt, sucht besonders meine Nähe. Sie ist mehr als 20 Jahre jünger als ich. Sie bewundert mich für meinen sensiblen Umgang mit den Schülern und mein pädagogisches Geschick. Frau Arlt ist eine elegante, schwarzhaarige, schlanke Frau, mit einem flotten Kurzhaarschnitt. Dezent geschminkt ist sie äußerlich genau das Gegenteil zu mir, mit meinem Knoten im Haar. Ich lege auf Äußerlichkeiten keinen Wert. Frau Arlt ist noch sehr unsicher im Unterricht. Ihr Schwerpunkt ist Deutsch. Sie beklagt, dass die Schüler oft keine Lust auf die Stunden mit ihr hätten, und es ihr nicht gelänge, die jungen Menschen vom Sinn des Lernens zu überzeugen. Mir gefällt die Ehrlichkeit, mit der die junge Frau ihre Probleme schildert. Ich will gern versuchen, ihr zu helfen. Gertrud Arlt ist begeistert von meiner Unterstützung. Sie nennt das mütterliche Einfühlsamkeit und lädt mich zum Tee zu sich nach Hause ein, um mehr von mir zu profitieren. Ich biete der jungen Kollegin das Du an. Gertrud ist geschmeichelt und empfindet das als Freundschaftssignal. Sie hat schnell Vertrauen zu mir und das Bedürfnis, sich mir gegenüber voll zu öffnen. Sie kommt auch aus Dresden und hat dort bis vor kurzem als Kindergärtnerin gearbeitet. Ihr sehnlichster Wunsch war es schon immer, Lehrerin zu werden. Diese Chance ergab sich nach dem Krieg durch den Lehrermangel, als Gertrud wie so viele andere per Schnellkurs die Lehrbefähigung erlangte.

„Das war natürlich nicht so eine gründliche fachliche Ausbildung, wie Du sie hattest", sagt Gertrud, um ihre Mängel im Unterricht zu erklären. Ich empfinde das als nicht so problematisch und sprudle los: „Eine gute Pädagogin wird man nicht an der Hochschule, sondern erst im Alltag, ein bisschen Begabung vorausgesetzt. Du musst die jungen Menschen mit spannenden Geschichten fesseln, dann sind sie bestimmt interessiert und aufmerksam. Gerade eine Deutschstunde bietet doch viele Chancen, kindgerechte Dinge zu erzählen. Lies ihnen Märchen vor, sage ein tolles Gedicht auf oder lasse sie ein schönes Erlebnis aufschreiben. Pauke bloß nicht so viel Rechtschreibung und lasse Goethe und Schiller ruhig beiseite. Wir sind an einer Grundschule, die meisten Schüler sind noch Kinder." „Du würdest das sicherlich alles so schaffen, Marzella, aber ich habe schon Schwierigkeiten mit der Disziplin", entgegnet Gertrud. „Das liegt nur an Deiner Stundengestaltung. Wenn sich die Schüler langweilen, tanzen sie Dir auf der Nase herum", bin ich überzeugt. Gertrud bleibt zwar skeptisch, aber sie ist mir sehr dankbar für meine Hinweise und will versuchen, einiges davon zu beherzigen. Auch sie weiß natürlich längst, dass mein Bruder der Propst der Dresdner Hofkirche ist. „Übrigens habe ich vor einiger Zeit in Interview mit dem Propst in einer Zeitung gelesen", sagt sie, „darin lobt er insbesondere die großzügige Hilfe der sowjetischen Militäradministration bei der Beschaffung von Baumaterialien für den Wiederaufbau der Hofkirche." „Ja, ja," erwidere ich, diese Arbeit ist ihm zur Zeit fast wichtiger als sein Priesteramt. Aber ich finde es wunderbar, was er in wenigen Jahren schon geschafft hat. Die Arbeiten an der Hofkirche machen große Fortschritte. Mein Bruder ist ohnehin ein wunderbarer Mann. Viel mehr als nur ein passionierter Pfarrer." Meine Augen leuchten bei diesen Sätzen, die ich mit verklärtem Gesichtsausdruck geradezu feierlich hinhauche und dabei daran denke, dass ich Willi gern am liebsten täglich bei mir in der Nähe hätte. Die 30 Kilometer zwischen Dresden und Räckelwitz sind nach wie vor eine ziemlich große Entfernung, weil der kleine Ort immer noch nur unzureichend an das öffentliche Verkehrssystem angebunden ist.

Während ich in Gedanken bei meinem Bruder bin, will Gertrud wohl erklären, warum sie das Interview mit Willi überhaupt gelesen hat. „Ich bin übrigens generell am Wiederaufbau interessiert, gerade in Dresden, das ja nach wie vor fürchterlich aussieht. Außerdem ist mein Mann Bauarbeiter." „Ach, Du bist verheiratet? Ich habe Deinen Mann noch gar nicht gesehen", sage ich erstaunt. „Er ist nur selten hier, weil er von seiner Baufirma in ganz Sachsen herumgeschickt wird. Es ist ja auch wirklich so viel zu tun. Eigentlich müsste noch viel mehr gebaut werden, aber die Materialien sind knapp, und nicht jeder wird so großzügig unterstützt wie Dein Bruder," sagt Gertrud lachend. „Seit wann seid Ihr denn verheiratet?", frage ich. „Ach, erst seit zwei Jahren. Da ist es natürlich nicht schön, wenn man so häufig getrennt ist. Aber die Eheschließung und die Lehrerstelle hier in Räckelwitz haben uns geholfen, diese Zweiraumwohnung zu bekommen. Das ist ja auch nicht übel, oder?" „Nein, wunderschön hast Du es hier", sage ich zustimmend. „Seid Ihr eigentlich evangelisch oder katholisch?", frage ich die junge Freundin. „Weder noch", antwortet sie. Wir gehören keiner Konfession an. Wir versuchen christliche Nächstenliebe zu praktizieren. Das finden wir sehr wichtig, gerade nach den schlimmen Dingen, die Deutschland in der Welt angerichtet hat." „Engagierst Du Dich politisch?", will ich in diesem Zusammenhang wissen. „Viel zu wenig", antwortet Gertrud, „aber unser Rektor drängt mich immer mehr, der SED beizutreten. Er meint, dass eine Deutschlehrerin in unserem sozialistischen Staat ein klares politisches Bekenntnis abgeben muss, und das ist am besten möglich, wenn man der Partei der Arbeiterklasse beitritt, um beim Aufbruch in eine neue Gesellschaft mitzuarbeiten." „Und wirst Du das machen?", frage ich. „Ich weiß es noch nicht, aber ich glaube, unser Schulleiter wird mich bald zwingen, Parteimitglied zu werden. Wenn ich mich weigere, könnte er mich entlassen, wenn wieder genügend Lehrkräfte zur Verfügung stehen. Den Verlust meiner Arbeitsstelle möchte ich auf keinen Fall riskieren", schildert Gertrud ihre Situation.

„Würde es Dir denn schwerfallen, dem politischen Druck nachzugeben?", hake ich nach. „Also, fest steht, dass ich in unserem jungen Land eine große Chance auf demokratische Veränderungen und mehr Gerechtigkeit nach der faschistischen Epoche sehe. Ich bin auch ganz froh, hier in der DDR und nicht in Westdeutschland zu leben. Von dort hört man ja sehr viele beklemmende Dinge. Alte Nazis bekleiden offensichtlich schon wieder oder immer noch Schlüsselpositionen in Politik, Wirtschaft und vor allem in der Justiz. Die Aufarbeitung des Nationalsozialismus wird dort längst nicht so konsequent betrieben wie bei uns. Obwohl ich mich eigentlich als parteipolitisch nicht besonders geeignet empfinde, werde ich wohl der SED beitreten. Denn wenn alle nur mit persönlichen Befindlichkeiten auf die Herausforderungen der Zeit reagieren, wird wohl nie ein neues

Deutschland entstehen", ist Gertrud ganz sicher. „Wie denkt Dein Mann darüber?", möchte ich wissen. „Der interessiert sich nicht für Politik. Er sagt, lasse bloß die Hände davon. Politik sei ein schmutziges Geschäft. Außerdem glaubt er, im Gegensatz zu mir, nicht an eine gute Zukunft in der DDR. Das muss aber unter uns bleiben. Mein Mann ist schon sauer, dass etliche Betriebe, auch in seiner Branche, verstaatlicht werden. Er würde sich nämlich am liebsten eines Tages selbstständig machen, und als Bauunternehmer richtig viel Geld verdienen. Das ist aber bei uns nicht vorgesehen. Vielleicht ist es gut so, denn der Kapitalismus hat schon viel Unheil angerichtet."

Gertrud hat, glaube ich, zunehmend den Eindruck, dass sie eigentlich viel zu offen und ausführlich ihre politischen Überzeugungen ausbreitet. So lange kennt sie mich ja noch gar nicht. Aber irgendwie hat sie von Anfang an sehr viel Vertrauen zu mir, so dass sie sich nicht scheut, selbst heikle Themen mit mir zu diskutieren. Jetzt will sie aber auch wissen, wie ich zu dem neuen Staat stehe. „Bist Du denn politisch tätig?", fragt sie. „Nicht aktiv", antworte ich, „aber ich arbeite für den Frieden." „Das ist doch nichts Besonderes. Das sollte doch heutzutage selbstverständlich sein", erwidert Gertrud. „Ganz und gar nicht", sage ich im Brustton der Überzeugung. „Siehst Du, ich habe zwei Kriege miterlebt. Den Ersten Weltkrieg als junge Frau und gerade mal 20 Jahre später den Zweiten Weltkrieg mit all seinen Grausamkeiten. Ich habe gesehen, wie fanatische, hasserfüllte Menschen, darunter viele Landsleute von uns, vom Schlachten gar nicht genug bekommen konnten, und diese Verbrechen dann als patriotische Heldentaten feierten. Da sehnt man sich dann nach Frieden und nichts als Frieden." „Bist Du in der Partei?" unterbricht Gertrud den Redefluss. „Wenn Du die SED meinst, nein. Ich bin Mitglied der CDU, der Christlich Demokratischen Union Deutschlands." „Wofür steht die denn?", reagiert Gertrud grummelnd. „Das ist doch die Partei des westdeutschen Kanzlers Adenauer." „Die Ost- und West-CDU kann man überhaupt nicht miteinander vergleichen", widerspreche ich. „Unsere Partei verhält sich der DDR gegenüber absolut loyal und kämpft dafür, dass nie wieder ein Krieg von deutschem Boden ausgeht. Eine Friedenspartei eben. Aber ehrlich gesagt, bin ich in die CDU nur durch meinen Bruder hineingeschlittert. Er bat mich nach dem Krieg, unsere Familientradition fortzusetzen. Wir waren früher alle im Zentrum, wie deren Nachfolger, die jetzige CDU, eine Partei mit christlichen Wurzeln. Meinen Eltern und meinem Bruder war es immer wichtig, eine politische Instanz zu haben, die die Werte der Kirche anerkennt und schützt. Das erhoffen wir uns jetzt auch von der CDU. Ich persönlich stehe nach all den schrecklichen Erfahrungen in der militaristischen Monarchie, dem verunglückten demokratischen Experiment der Weimarer Republik und den Jahren der NSDAP der Politik eher skeptisch gegenüber. Ich denke aber, dass die neue DDR-Regierung eine faire Chance beim Aufbau eines besseren, friedlichen Deutschland verdient. Hoffentlich bitten sie dabei um Gottes Hilfe." Das glaubt Gertrud zwar nicht, aber sie ist erleichtert, dass meine Zukunftsvorstellungen sich nicht grundlegend von ihren eigenen Überzeugungen unterscheiden.

Ich will möglichst viel über Gertruds Familie und ihr bisheriges Leben erfahren. Sie erzählt mir von einer ziemlich freudlosen Jugend als uneheliches Kind einer erst 17-jährigen Mutter. Auch ihre acht Jahre jüngere Schwester wurde unehelich geboren. „Wo lebt Deine Schwester heute?", frage ich. „Irgendwo in Westdeutschland. Ich habe den Kontakt zu ihr total verloren. Unser Verhältnis war aber ohnehin nie sehr eng." Gertruds Mutter wurde als zwölftes Kind eines Maschinisten geboren. Armut prägte ihr Leben. Katastrophal wurde die Situation in der Zeit der Weltwirtschaftskrise, als nicht einmal mehr das tägliche Brot gesichert war. Gertrud war damals erst 12 Jahre alt, zu jung, um für sich selbst zu sorgen. An eine solide Schul- oder Berufsausbildung war nicht zu denken. Erst als sich später der Arbeitsmarkt verbesserte, begann sie ihre Lehre als Kindergärtnerin und holte an einer Abendschule die mittlere Reife nach. „Und wie erging es Deiner Mutter?" „Die hat sich auch tapfer durchgeschlagen. 1931 hat sie tatsächlich trotz der beiden Kinder einen Mann gefunden, der sie heiratete. Die Ehe war aber ein Flop. 1945 ist meine Oma in den Dresdner Bombennächten ums Leben gekommen. Mutter ist nur knapp dem Tod entronnen. Heute ist sie sehr krank. Ich kümmere mich so gut ich kann um sie".

Jetzt wäre es mir sehr peinlich gewesen, von meiner behüteten Kindheit und der für eine Frau der damaligen Zeit phantastischen Ausbildung sowie meinem intakten Elternhaus zu erzählen.

Vielmehr will sie mir am Ende dieses langen Treffens, am letzten Tag vor den Osterferien 1950, noch den Rest ihrer Wohnung zeigen, insbesondere das zweite Zimmer, das Schlafzimmer. Es wirkt wie der andere Raum sehr behaglich und relativ geräumig, so dass außer dem großen Doppelbett auch noch ein Kleiderschrank, eine Kommode und zwei Nachttische darin Platz haben. Plötzlich allerdings erstarre ich, denn über dem Bett hängt ein Bild, das mir sehr vertraut ist. Ganz klar, da bin ich mit einer Freundin zu sehen. Ein Akt von Kirchner. Ich kann es nicht fassen. Ausgerechnet Gertrud hat so ein Bild. Ich beginne zu zittern, es läuft mir heiß und kalt den Rücken herunter. Da ist sie wieder, meine ständige Angst vor der Entdeckung. Völlig konfus kann ich mich nach diesem so vertrauensvollen und harmonischen Nachmittag nicht einmal mehr ordentlich von Gertrud verabschieden, geschweige denn mich für ihre Gastfreundschaft bedanken. Schwer atmend hetze ich von Panik getrieben nach Hause. Ich erhole mich nur ganz langsam. Es dauert eine kleine Ewigkeit, bis ich wieder zu mir komme. Dann aber kann ich mich an das Bild in Gertruds Schlafzimmer sehr genau erinnern. So als sei es gestern entstanden. Natürlich weiß ich auch noch, wie das Bild hieß: „Nackte Mädchen unterhalten sich". Auch die Entstehungsgeschichte im Atelier habe ich klar vor Augen. Es war mir unangenehm, nackt gemalt zu werden. Ich hatte die Augen geschlossen und hielt eine Hand vor das Gesicht, die Arme verschränkte ich vor dem entblößten Körper, so als wollte ich mich schützen. Die Freundin, sie hieß Fränzi, die sich sonst stets sehr unverkrampft und fröhlich malen ließ, schien von meiner Scheu angesteckt. Auch sie wirkte seltsam verschlossen und blickte fast besorgt zu mir herüber. Ich ärgerte mich, dass ich mich zum Nacktmalen überreden ließ. Übrigens nach vielen vorausgegangenen

Versuchen zum ersten Mal. Eigentlich wollte ich abbrechen und aufstehen, aber Fränzi brachte mich dazu, den Maler das Werk vollenden zu lassen. Ich weiß noch, dass Ernst Ludwig Kirchner die angespannte Stimmung im Atelier geradezu perfekt umgesetzt hat und sich anschließend auch bei mir für meine Kooperation bedankte. Ich erinnere mich noch fast wörtlich an alle Dialoge während und nach Entstehung des Kunstwerks. Wegen der für mich so unangenehmen Umstände hatte sich jedes Detail rund um dieses Bild in mein Gedächtnis eingebrannt. Noch heute bin ich überzeugt, dass ich an diesem Tag den Weg der Tugend endgültig verlassen habe. Dieses Bild hat deshalb für mein Schuldbewusstsein eine noch größere Bedeutung als das Gemälde, das meinen Namen trägt. Das ist später entstanden, als ich mich nicht mehr ganz so schämte, nackt gemalt zu werden. Leider, denke ich jetzt, und frage mich einmal mehr, warum ich mich bloß zu diesen Schamlosigkeiten hinreißen ließ. Ich hatte das Bild „Nackte Mädchen im Gespräch" nie mehr irgendwo gesehen, weder im Museum noch in Katalogen oder in Kunstbänden. Und jetzt ausgerechnet bei Gertrud. Ich fühle mich plötzlich noch intensiver mit meiner Jugendsünde konfrontiert. Die Vergangenheit ist wieder ein Stück näher an mich herangerückt.

Eigentlich ist mir natürlich klar, dass mich niemand wegen dieses Bildes als Kirchner Modell identifizieren kann. Im Gegensatz zu dem „Marzella"-Gemälde wird mein Name hier nicht im Titel genannt. Es würde mich auch niemand erkennen, weil Kirchner nicht fotografisch malte, sondern Stimmungen erfassen wollte und dabei die Personen verfremdete. Wenn ich klar denken konnte, was in derartigen Situationen selten vorkam, war nichts Außergewöhnliches daran zu finden, dass Gertrud ein Kirchnerbild hat. Auch von dem „Marzella"-Gemälde gibt es sicherlich Tausende Kopien. Es ist ein überall hoch geschätztes Kunstwerk.

Die Tatsache, dass ich so krass reagiere, nachdem ich dieses eigentlich so unverfängliche Bild gesehen habe, zeigt, wie tief verwurzelt meine Angst vor dem ist, was ich als Schande empfinde. Ich muss mich erst einmal von einem emotional aufwühlenden Tag erholen und gehe schon früh zu Bett. Aber ich kann kaum einschlafen.

Plötzlich steht ein Mann vor mir und sagt: „Fräulein Sprentzel, warum haben Sie auf Ihrem Personalbogen eigentlich nicht angegeben, dass Sie nackt gemalt worden sind?" Ich antworte stockend: „Das war doch eine reine Privatsache und ist außerdem schon lange her. Ich war ja fast noch ein Kind." Der Mann entgegnet: „Nun hören Sie mal gut zu, Fräulein Sprentzel. Ihren Klavier- und Schwimmunterricht haben Sie sehr wohl erwähnt. Das ist ja wohl noch viel privater als Nacktmalerei. Ich sage Ihnen, warum Sie das verschwiegen haben: Weil Sie genau wissen, dass eine Lehrerin, die ein sittliches Vorbild sein soll, mit diesem Schandfleck in ihrer Biografie nicht unterrichten kann. Und erzählen Sie mir nicht, dass Sie ein kleines Kind gewesen seien. Sie waren fast 15 Jahre alt und gingen auf eine höhere Töchterschule. Sie wussten also genau, was Sie taten und wollten. Bereits ein halbes Jahr später gingen Sie auf das königliche Lehrerinnen Seminar. Dort hätte man Sie garantiert nicht aufgenommen, wenn man Ihre Nackteskapaden gekannt hätte. Das wissen Sie genau. Darum haben Sie das bis heute stets verheimlicht. Jetzt aber ist Schluss damit. Sie sind entlassen."

In diesem Augenblick wache ich schweißnass und zitternd auf. Diesmal war es zum Glück nur ein Albtraum, beim nächsten Mal könnte es Realität werden, denke ich völlig verstört. Dabei konnte mir das Bild mit Fränzi doch überhaupt nicht zum Verhängnis werden. Dessen war ich mir bei aller Hysterie bewusst. Dennoch bin ich nach wie vor brennend daran interessiert, Gertruds Interesse gerade an diesem Bild herauszufinden.

Schon am Vormittag des ersten Ferientages stehe ich erneut vor ihrer Wohnungstür. Sie ist ziemlich erschrocken über meinen körperlichen Zustand. Ich bin blass und habe verquollene Augen. „Du siehst schlecht aus, Zella, bist Du krank?", fragt Gertrud. „Du hast Dich gestern schon so merkwürdig verabschiedet." „Nein, nein, ich habe mich nur schlecht gefühlt. Ich hatte Migräne und habe dann schlecht geschlafen. Das passiert öfter in meinem Alter. Jetzt sind ja endlich Ferien", wiegele ich ab und komme ohne Umschweife zur Sache. „Ich bin nur noch einmal gekommen, weil ich mich wahnsinnig für Dein Bild im Schlafzimmer interessiere." Ich bin jetzt schon viel entspannter und lockerer als bei der Begrüßung. „Du meinst das Kirchner Bild?" „Ja, ganz genau! Hast Du eine besondere Vorliebe für den Expressionismus?", frage ich. Gertrud geht mit mir ins Schlafzimmer, um das Bild noch einmal zu betrachten. Ich versuche, möglichst unverkrampft zu wirken. „Dieses Bild liebe ich ganz besonders", sagt Gertrud mit leuchtenden Augen. „Und warum gerade dieses Bild?", will ich wissen. „Dieses Gemälde schafft eine Verbindung zu meiner Mutter. Sie hat es mir für meine neue Wohnung geschenkt", erklärt Gertrud. „Interessiert Sie sich für Malerei?", bohre ich weiter nach. „Ja, ganz besonders für die „Brücke" Maler. Hast Du schon mal von denen gehört? Das war eine ganz bekannte Künstlergruppe vor dem Ersten Weltkrieg bei uns in Dresden. Ernst Ludwig Kirchner war einer von ihnen." „Na klar", sage ich, „das gehört ja zur allgemeinen Bildung.

Aber hat Deine Mutter Dir mal erzählt, warum sie gerade Kirchner und seine Freunde mochte?" Ich werde immer neugieriger. „Ja, natürlich", sagt Gertrud mit einigem Stolz. „Sie hat als Kind einige Zeit mit den Künstlern zusammengearbeitet." Ich zucke zusammen und blicke Gertrud ungläubig an. „Was heißt zusammengearbeitet?" „Na, sie ist gemalt worden. Dabei sind herrliche Bilder entstanden, so wie das hier. Eines der beiden Mädchen ist meine Mutter." Jetzt stehen mir Schweißtropfen auf der Stirn. Ich kann nur noch ziemlich undeutlich stammeln: „Ich glaube, ich kenne Deine Mutter. Kannst Du mir ihren Namen nennen?" Gertrud schaut mich fassungslos an und entgegnet: „Franziska, Franziska Fährmann heißt sie." „Fränzi", sage ich mit gequältem Lächeln und einem tiefen Seufzer. „Ja, genau, aber woher kennst Du Mutter und noch dazu ihren Kosenamen?", fragt Gertrud völlig überrascht. „Ich war vor 40 Jahren mit Fränzi befreundet. Ich hätte mich kaum an Euren Familiennamen erinnert, nur an Franziska, die alle Fränzi nannten." „Das ist ja kaum zu glauben. Du warst mit Mutter befreundet. Ich bin sprachlos", sagt Gertrud aufgewühlt. „Ihr kamt doch aus völlig unterschiedlichen Milieus. Wie seid Ihr denn zusammengekommen?", will Gertrud wissen. „Wir wohnten nur wenige Minuten voneinander entfernt und waren damals Spielkameraden in einer dicht besiedelten Gegend von Dresden", versuche ich mich aus dieser heiklen Situation herauszuwinden. Immerhin war es nicht ganz gelogen, denn wir wohnten wirklich dicht beieinander, aber es war eben auch nicht die reine Wahrheit. Obwohl ich Gertrud mag und ich mich ihr als Fränzis Tochter jetzt noch verbundener fühle, bin ich nicht in der Lage, ihr die ganze Geschichte zu erzählen. Gertrud ist immer noch fassungslos. Als ich ihren ungläubig fragenden Blick sehe, bemühe ich mich um ein bisschen mehr Aufklärung. „Ich wusste natürlich damals, dass sich Fränzi malen ließ. Seitdem habe ich mich für alle Bilder interessiert, auf denen sie zu sehen ist. Die meisten kenne ich tatsächlich. Natürlich habe ich auch Dein Bild hier sofort erkannt. Immer wenn ich Fränzi in Privatwohnungen außerhalb von Museen sehe, bin ich freudig erregt und versuche, das Interesse der Besitzer für diese Art von Malerei zu erkunden. Aber ich habe Fränzi-Bilder selten in Wohnungen entdeckt. Dein Bild noch nie", plaudere ich weiter munter drauflos und bemühe mich, so glaubwürdig wie möglich zu wirken. Als sich Gertrud ein bisschen von der Riesenüberraschung erholt hat, wirft sie ein, dass ja auf ihrem Bild zwei Mädchen zu sehen seien. „Ja, aber wichtig für mich ist, dass eine von beiden Fränzi ist", erläutere ich und frage Gertrud, ob Sie denn wisse, wie das Gemälde heißt. „Keine Ahnung!" Sie schüttelt den Kopf. „Ich kann es Dir sagen. Es heißt: „Zwei nackte Mädchen im Gespräch." „Wahrhaftig ein passender Titel", findet Gertrud und fügt hinzu: „Mich würde ja sehr interessieren, wer das Mädchen neben meiner Mutter ist."

Ich gehe aus gutem Grund auf diese Bemerkung nicht ein, sondern lenke das Gespräch auf Fränzi, deren Schicksal mich sehr interessiert. Ich erinnere mich daran, dass Gertrud gestern von einem schweren Leben ihrer Mutter sprach, und dass Gertrud unehelich geboren wurde, als Fränzi gerade einmal 17 Jahre jung war. „Hast Du nicht auch gesagt, dass Deine Mutter sehr krank ist? Wie geht es Fränzi?", frage ich besorgt. Gertruds

Miene verfinstert sich. Sie kann die Tränen kaum zurückhalten. Die Ärzte sagen, sie habe nur noch kurze Zeit zu leben." „Um Himmels Willen, was hat sie denn?" „Eine unheilbare Krankheit. Ich möchte nicht darüber sprechen", antwortet Gertrud fast tonlos mit gesenktem Kopf. „Und wo ist sie jetzt?" „In einem Krankenhaus in Dresden. Das wird sie wohl nicht mehr verlassen können. Ihren 50. Geburtstag am 11. Oktober wird sie kaum noch erleben," fährt Gertrud schluchzend fort. Ich nehme die Freundin in die Arme und versuche sie zu trösten. „Darf ich Fränzi besuchen?" „Ich glaube, das wäre nicht gut für Dich. Sie ist zwar noch klar im Kopf, sieht aber elend und abgemagert aus. Willst Du sie nicht lieber so in Erinnerung behalten, wie Du sie kanntest? Als fröhliches, lebenslustiges Mädchen?", versucht mich Gertrud von meinem Plan abzubringen. „Nein, auf keinen Fall. Es wäre mein Herzenswunsch, Fränzi zu sehen." „Na, gut, ich fahre morgen sowieso wieder zu ihr nach Dresden. Wenn Du unbedingt willst, dann kannst Du natürlich mitkommen."

Von Räckelwitz nach Dresden gibt es inzwischen eine Busverbindung. Man muss nur in Kamenz einmal umsteigen. Je mehr ich über das bevorstehende Treffen mit Fränzi nachdenke, umso klarer wird es für mich, dass ich die Version von der Straßenbekanntschaft mit Fränzi gegenüber Gertrud nicht aufrechterhalten kann. Natürlich werde ich mit Fränzi vor allem über die gemeinsame Zeit im Atelier sprechen. Worüber denn sonst? Wir hatten ja nach meiner kurzen, aber so intensiven Modellphase vor 40 Jahren, gar keinen Kontakt mehr. Also müsste ich Gertrud die Wahrheit erzählen. Aber ich hatte doch damals den Eltern versprochen, dass meine Verirrung ein streng gehütetes Geheimnis im allerengsten Familienkreis bleibt. Das hatte ich bis jetzt erfolgreich durchgehalten. Vielleicht ist es auch deshalb bis jetzt gelungen, die Affäre vor der Öffentlichkeit zu verbergen und einen Skandal mit bösen Folgen zu vermeiden. Hätte ich vielleicht gar nicht mit zu Fränzi fahren sollen, um nicht mit meiner Vergangenheit konfrontiert zu werden? frage ich mich.

Auf keinen Fall. Ich will Fränzi auf jeden Fall besuchen, auch wegen ihres schlechten Gesundheitszustands. Falls sie wirklich bald sterben sollte, würde ich es mir nie verzeihen, Fränzi nicht noch einmal gesehen zu haben. Das war mir jetzt wichtiger als das Versprechen gegenüber den Eltern. Mögen sie mir im Himmel verzeihen. Was ich allerdings nicht abschütteln kann, ist auch hier wieder die panische Angst, doch noch von den falschen Leuten als Kirchner Modell erkannt zu werden. Das Risiko sollte ja minimiert werden, deshalb die bisherige Verschwiegenheit. Und nun? Ich habe mächtige Skrupel. Was würde mein Bruder sagen, wenn er davon erführe, dass es eine Mitwisserin mehr gibt? Ich zögere, mich Gertrud zu offenbaren. Kannte ich die neue Freundin überhaupt schon genug? Gehört die viel jüngere Frau nicht einer Generation mit ganz anderen Verhaltensweisen an? Würde sie schweigen können? Was ist mit Gertruds Mann? Es ist doch klar, dass sich die Eheleute darüber unterhalten werden, dass ich mich mit Fränzi malen ließ. Und wem könnte Fränzi eventuell noch erzählen, dass sie mich, Marzella, endlich wiedergetroffen hat? Fragen über Fragen. Ich war zwar erneut verunsichert, aber ich hatte mich entschieden. Das Treffen mit der kranken Fränzi geht mir über alles, und eigentlich habe ich auch großes Vertrauen zu Gertrud. Sie ist ja nicht nur einfach eine Freundin, sondern ich fühle mich ihr durch die unglaubliche Fränzi-Geschichte geradezu schicksalhaft verbunden. Also gebe ich mir mutig einen Ruck und breche das lange Schweigen auf der Fahrt nach Dresden mit den Worten: „Gertrud, ich muss Dir etwas ganz Wichtiges sagen!" Gertrud, die schon in Gedanken bei Ihrer Mutter ist, blickt auf und fragt: „Hast Du schon wieder eine Überraschung für mich?" Ich nicke nur. „Du wolltest doch wissen, wer das zweite Mädchen neben Fränzi auf Deinem Bild zu Hause ist".

„Ja, weißt Du es?", fragt Gertrud. „Du wirst es nicht glauben, aber das bin ich", sage ich mit einem nicht gerade glücklichen Gesichtsausdruck. Gertrud verschlägt es sekundenlang völlig die Sprache. Als sie aber sicher ist, dass das wirklich stimmt, will sie mich am liebsten vor Glück umarmen. „Du wurdest mit Mutter gemalt und bist auch noch auf meinem Bild zu

sehen. Das ist ja wunderbar! Warum hast Du mir das nicht gleich erzählt?"
„Weil ich mich so sehr für mein Verhalten damals schäme und deshalb
noch heute alles vermeiden möchte, dass jemand davon erfährt", erwidere ich traurig. Ich kann dabei Gertrud nicht einmal ansehen, so peinlich ist
es mir, darüber zu sprechen. Gertrud ist verblüfft, weil sie doch so stolz
darauf ist, dass sich die Künstler ausgerechnet ihre Mutter als inspirieren-
de Muse ausgesucht hatten, und diese Bilder heute als Meisterwerke gelten. „Warum schämst Du Dich für die Produktion so schöner Bilder?",
fragt Gertrud kopfschüttelnd. Ich hole tief Luft, um dann mein ganzes Leid
der letzten Jahrzehnte in wenigen Sätzen zusammenzufassen. „Wenn man
auf eine höhere Töchterschule geht, kann man sich nicht nackt malen lassen. Das ist in höchstem Maße unsittlich und hätte mich eigentlich auch
als Lehrerin disqualifiziert. Meinem Bruder habe ich im wahrsten Sinne
des Wortes in Teufels Küche gebracht. Denn wenn meine Schande her-
ausgekommen wäre, dann hätte auch Willi als Pfarrer Probleme bekommen. Eine Schwester, die gegen die heiligen Gesetze der Kirche verstößt,
kann sich ein Geistlicher nicht leisten, der als Propst auch noch einer der
höchsten katholischen Tugendwächter ist. Ich als gerade rehabilitierte
Lehrerin habe auch viel zu verlieren. Ich habe immer versucht, alles zu
verdrängen, aber vergeblich. Erlebnisse wie jetzt bei Dir, mit dem Bild,
wühlen mich mehr denn je wieder auf, weil ich das Gefühl habe, dass mich
der Fluch von damals doch noch irgendwann einholt."

Gertrud hört aufmerksam zu, ist aber spontan nicht in der Lage, darauf
irgendetwas zu erwidern. Ich komme jetzt zum heikelsten Punkt meiner
leidenschaftlichen Einlassungen. „Gertrud, Du musst mir versprechen,
niemandem zu erzählen, dass ich bei Kirchner im Atelier war. Das wäre
wirklich fatal für meinen Bruder und mich. Du hast ja noch nicht das Gemälde gesehen, das für jeden sichtbar meinen seltenen Namen trägt. Ich
könnte leicht identifiziert werden, wenn jemand Verdacht schöpft, dass
ich die Marzella auf dem Bild bin." „Keine Sorge, Zella, von mir erfährt
niemand etwas. Und übrigens: Ich glaube nicht, dass Du eine Jugendsünde

begangen hast. Aber ich respektiere natürlich Deinen Wunsch nach Verschwiegenheit. Lass uns am besten jetzt nicht weiter darüber diskutieren
sondern uns auf den Krankenbesuch konzentrieren." Gertrud wirkt sehr
loyal, das gibt mir Kraft, aber gedanklich ist sie natürlich schon voll bei
ihrer Mutter. In welchem Zustand würde sie wohl heute sein?

Fränzi hat ein behagliches Einbettzimmer. Gertrud zahlt gern einen Auf-
preis dafür. Es ist ein kleiner Raum mit einem großen Fenster, durch das
an diesem Vormittag die Frühlingssonne leuchtet, und das Zimmer
dadurch heller und freundlicher wirken lässt. Tulpen stehen an Fränzis
Bett. Gertrud hat nicht übertrieben. Ihre Mutter sieht elend aus, ein asch-
fahles Gesicht mit eingefallenen Wangen und trüben, ziemlich ausdrucks-
losen Augen. In der Tat ein Bild des Jammers. Die schlimme Krankheit hat
deutliche Spuren hinterlassen. Ich bin erschüttert, versuche mir das aber
nicht anmerken zu lassen.

Fränzi ist sehr glücklich über den Besuch der Tochter. Aber man spürt,
dass Gertrud häufig im Krankenhaus ist, denn die Begrüßung ist zwar herzlich, aber nicht überschwänglich. „Wie geht es Dir heute, Mama?", fragt
Gertrud liebevoll und hält dabei die Hand der Mutter ganz fest. „Ach, Trudi, ich muss zufrieden sein, es ging schon viel schlechter. Die Schwestern
sind alle sehr freundlich." Fränzi spricht klar und deutlich. Dann schaut sie
staunend auf mich, die unbekannte Besucherin. „Kennst Du diese Frau,
Mama?" Gertrud schmunzelt bei dieser Frage. Fränzi zögert, mustert mich
etwas intensiver und sagt dann: „Nein, tut mir leid." „Das ist Marzella,
Mama. Erinnerst Du Dich?" „Marzella?", fragt Fränzi ungläubig. „Ich kannte nur eine Marzella. Die war mit mir bei den Malern." „Genau diese Marzella steht jetzt vor Dir." Gertrud ist gespannt auf die Reaktion ihrer Mutter. „Zella, Du bist es wirklich?" Tränen schießen in Fränzis Augen. „Was
für eine Freude, Dich wiederzusehen. Unfaßbar.Ich kann es kaum glauben.
Ich hätte Dich niemals wiedererkannt. Aber es ist ja auch so lange her." Ich
habe mich jetzt auf die Bettkante gesetzt und drücke die Jugendfreundin
ganz fest an mich. Auch ich muss jetzt weinen. Worte fallen mir zunächst

schwer. Fränzi findet als Erste ihre Sprache wieder. „Mein Gott, Zella, wie lange ist das jetzt her?" „Genau 40 Jahre", sage ich. „40 Jahre, eine kleine Ewigkeit." „Und wie kommst Du jetzt hierher?", will Fränzi wissen. „Marzella und ich sind Kolleginnen", klärt Gertrud auf. „Dann bist Du also Lehrerin geworden. War das nicht schon als junges Mädchen Dein Wunsch?", glaubt sich Fränzi zu erinnern. „Ganz genau. Dass Du das noch weißt. Du warst doch damals noch ganz klein." „Ja, aber die Zeit mit Dir bedeutete mir als Kind unheimlich viel. Daran habe ich später oft gedacht. Ich war traurig, dass wir uns so schnell aus den Augen verloren haben. Du warst wie eine große Schwester für mich. Ein fast erwachsenes Mädchen, das so viel wusste, und es mir wunderbar erklärte. So habe ich das damals empfunden." Ich bin gerührt, dass ich auf Fränzi einen so bleibenden Eindruck hinterlassen habe. Wir waren ja nur vier Monate zusammen. „Ich habe ein Bild von uns beiden bei Gertrud gesehen, dass Du ihr geschenkt hast. Wo hast Du das eigentlich her, Fränzi?" „Das hat mir Ernst geschenkt." Fränzi strahlt bei dieser Antwort. „Ernst? Ernst Ludwig Kirchner? Nennst Du ihn Ernst?" „Ja, klar, Du nicht?" „Nein", sage ich, „für mich war er immer Herr Kirchner, wann hat er Dir das Bild geschenkt?" „Als er mich besucht hat", antwortet Fränzi. „Was, Herr Kirchner hat Dich besucht?" „Ja", sagt Fränzi mit einigem Stolz. „Wann war das?", will ich wissen. „Das muss 1926 gewesen sein. Er kam nämlich zufällig am dritten Geburtstag von Gertruds jüngerer Schwester Erika." Dann erzählt Fränzi, wie angenehm und feinfühlig Ernst Ludwig Kirchner gewesen sei. Die kleine Behausung sei nämlich nicht gerade einladend gewesen, aber es war ordentlich Leben in der Bude, denn der Kindergeburtstag wurde zünftig gefeiert. Fränzi war zwar sehr arm. Sie konnte den beiden Kindern wenig ermöglichen, Süßigkeiten an so einem Tag schon gar nicht, aber für einen leckeren selbstgebackenen Napfkuchen reichte es allemal. Herr Kirchner sei auch nicht gerade in einem sehr guten Zustand gewesen, berichtet Fränzi. Er hatte große gesundheitliche Probleme, aber er freute sich sehr, Fränzi wiederzusehen. Er brachte ein Fotoalbum mit, denn er war ja auch ein begeisterter Fotograf und das Bild, das jetzt bei Gertrud hängt. „Eine edle Reproduktion. Findest

Du nicht, Zella?" „Ja, ein wirklich schönes Geschenk für Dich." Ich wollte jetzt nicht über meine Nöte und Ängste sprechen. „Hast Du Herrn Kirchner dann noch einmal wiedergesehen?" „Nein, leider nicht", antwortet die kranke Frau. Bis dahin wirkt Fränzi völlig verändert, so als hätte sie ihre körperlichen Leiden für kurze Zeit abschütteln können. Aber jetzt fällt sie wieder in sich zusammen. Das Gesicht ist erneut nur eine Art Maske. Nichts erinnert an das fröhliche Kind Fränzi, das ich von damals noch deutlich vor Augen habe. „Ich war sehr traurig, dass die Maler schon bald, nachdem Du nicht mehr gekommen bist, Zella, aus Dresden weggezogen sind. Es wurde sehr einsam für mich. Die Jahre mit Ernst und Erich, also Erich Heckel, waren für mich das Schönste im Leben. Danach ging es mir eigentlich nur noch schlecht." Fränzi muss schlucken und spricht erst nach einiger Zeit wieder etwas gefasster. „Aber ich habe den Werdegang der Maler intensiv verfolgt und bin in Museen und Galerien gegangen, wenn unsere Bilder ausgestellt wurden. Fast immer, wenn ich mich entdeckt habe, und das war nicht selten, wurde ich so fröhlich, wie ich mich damals gefühlt habe, als die Bilder entstanden. Ich wusste gar nicht, dass ich so oft das Motiv der Künstler war." „Na, Du warst doch der Liebling des ganzen Ateliers", erinnere ich mich. Fränzi war nicht zu bremsen in ihrem Redefluss. „Übrigens, Dein tolles Gemälde, das ja sogar Marzella heißt, habe ich sehr oft gesehen und dabei viel an Dich gedacht. Wo immer es ausgestellt wurde, fand es zahlreiche Bewunderer. Ich finde, es ist großartig gelungen. So warst Du damals. Ein bisschen scheu, unsicher und skeptisch. Aber nur bei der Aktmalerei, nie im Umgang mit anderen im Atelier, besonders nicht mit mir. Zella, wie bist Du damals eigentlich zu uns gekommen?", will Fränzi jetzt unbedingt wissen.

Eine Gewissensfrage für mich. Eigentlich spreche ich nicht gern über das, was ich als schreckliche Jugendtorheit empfinde, schon, um die Zahl der Mitwisser aus Sicherheitsgründen nicht zu erhöhen. Aber gegenüber Fränzi will ich keine Geheimnisse haben. Die kleine Freundin aus alten Zeiten weiß ohnehin fast alles. Wenn die Qual für mich zu groß gewesen wäre, hätte ich nicht zu Fränzi ins Krankenhaus mitgehen dürfen. Das aber kam für mich überhaupt nicht in Frage. Das Wiedersehen mit Fränzi bedeutet mir gerade unter den tragischen gesundheitlichen Umständen sehr viel. Wie bei Gertrud vertraue ich auch bei Fränzi darauf, dass sie nicht über meine Eskapaden plaudert. Außerdem hat Fränzi garantiert mit sich selbst genug zu tun. Ich bin bereit, der alten Freundin meine Lebenssituation des Jahres 1910 ausführlich zu schildern. Ich habe sogar plötzlich das Bedürfnis, mir endlich einmal alles von der Seele zu reden. In 40 Jahren wagte ich es nicht, mich jemandem ernsthaft anzuvertrauen. Den Eltern und dem Bruder habe ich bei meinem Geständnis so wenig wie möglich erzählt. Gegenüber Freunden und Bekannten musste das Abenteuer, das eine so große Last für mich wurde, tabu bleiben. Fränzi scheint mir genau die richtige Person für die Geschichte meiner Torheit zu sein. Vielleicht der einzige Mensch, der echtes Verständnis für mich haben könnte. Da bin ich mir ganz sicher. „Fränzi, ganz ehrlich, hast Du genügend Kraft, Dir alles von mir anzuhören?", frage ich besorgt und schaue auch zu Gertrud herüber, die ganz still auf dem einzigen Stuhl des Krankenzimmers in der Ecke sitzt. „Auf jeden Fall. Ich möchte endlich mehr über Dich erfahren, Zella." Fränzi wirkt offensichtlich physisch stark genug, und auch Gertrud nickt zustimmend, so als empfinde sie das, was ich gleich sagen würde, als Therapie für ihre Mutter. Mindestens als kleine Aufhellung ihres schweren Alltags. Und sie selbst ist wahrscheinlich auch ziemlich neugierig. Gerade, weil ich es nicht gewohnt war, mich so intim zu äußern, muss ich meine Gedanken erst einmal ordnen.

Dann aber sprudelt es aus mir heraus. Zum besseren Verständnis der damaligen Situation schildere ich zunächst mein familiäres Umfeld. Ich erzähle von einer Kindheit in einem liebevollen, aber strengen Elternhaus, in dem schon früh sehr viel Wert auf eine gute Schulbildung gelegt wurde. Ich wurde streng katholisch erzogen. Die Kirche war neben der Schule der Mittelpunkt meines Lebens. Anders als viele Klassenkameradinnen in meiner höheren Töchterschule verbrachte ich meine Freizeit kaum mit Freundinnen. Der sogenannte Ernst des Lebens prägte schon früh meinen Alltag. Alles musste ich den Ambitionen der Ausbildung unterordnen. Wenn mal ein bisschen Zeit war, übte ich auf dem Klavier. Mit 10 bis 12 Jahren spielte ich schon anspruchsvolle Stücke. Ich wuchs wohlbehütet auf, aber selbst für ein junges Mädchen der damaligen Zeit war es doch ziemlich freudlos. Ich kann mich nicht daran erinnern, mich jemals außerhalb des Hauses wirklich vergnügt zu haben, aber so richtig vermisste ich es auch nicht, weil ich es nicht kannte. Deshalb war es auch so ungewöhnlich, was eines Tages im Frühjahr 1910 geschah. Ein Mädchen aus meiner Klasse fragte mich, ob ich Lust hätte, mit ihr in den Zirkus Schumann zu gehen, der gerade in Dresden in ihrer Nähe Station machte. Ich wollte schon, aber es war keine leichte Aufgabe, die Genehmigung meiner Eltern dafür zu bekommen. Aber, siehe da, selbst das gelang nach einigen Diskussionen. Ich war begeistert von der Aufführung und der Zirkusatmosphäre. Ich staunte über die Kunststücke der Artisten und Clowns. Besonders beeindruckt aber war ich, wie man Tiere so perfekt für eine Zirkusnummer dressieren kann. Neben mir saß ein dunkelhäutiges Mädchen, das eher ein bisschen gelangweilt die Darbietungen verfolgte. Ich erfuhr, dass sie zur Zirkustruppe gehörte. Sie war Tänzerin und hatte an diesem Tag einen freien Nachmittag. Ihr Name war Milly. Sie kam aus Kamerun und sprach ein bisschen deutsch, weil sie in ihrer Heimat Deutschunterricht hatte. Leichter tat sie sich auf englisch. Für mich kein Problem. Milly, die etwas älter war als ich, erzählte von ihren Plänen. Sie musste mit ihrer Schwester Nelly bei deutschen Kolonialherren arbeiten. Die beiden durften auch vor ihnen auftreten. Ihre Eltern lebten in sehr ärmlichen Verhältnissen. Insofern war es aus Millys Sicht verständlich, dass sie sofort zusagten, als man ihnen ein besseres Leben versprach, wenn sie nach Deutschland gingen. Angeblich würden sie dort viel leichter gut bezahlte Arbeitsstellen erhalten als zu Hause in Kamerun. Auch kulturell würde man sich in Deutschland für Schwarze sehr interessieren, wurde ihnen eingeredet. „In Wirklichkeit suchte man exotische Ausstellungsstücke", erzählte Milly verbittert. „Wir Afrikaner wurden nur ausgebeutet. An eine normale Arbeit war nicht zu denken." Der Familie gelang es, sich mit dem Honorar für die Zirkusaufführungen mühsam durchzuschlagen. Die Mutter half hinter den

Kulissen, die Mädchen profitierten von einer Tanzausbildung in Kamerun. Ich war fasziniert von dem hübschen Mädchen mit der dunklen Hautfarbe, und auch Milly freute sich, dass ich ihr so aufmerksam zuhörte. Das war sie sonst nicht gewohnt. Sie hätte mir, dem deutschen Mädchen, am nächsten Tag gern mehr vom Zirkus gezeigt, aber ich war sicher, dass meine Eltern das nicht erlauben würden. Also lud ich Milly bei nächster Gelegenheit zu mir nach Hause ein. Dagegen konnte doch niemand etwas einzuwenden haben, glaubte ich. Aber insbesondere für meinen Vater, einen erzkonservativen kaiserlichen Beamten, war es zunächst ein Kulturschock, dass ich eine Negerin mit nach Hause brachte. Er hatte noch nie Schwarzafrikaner leibhaftig gesehen, nur auf Fotos in Büchern. Meine Mutter war etwas toleranter, sie hatte sich immerhin schon einige Zeit mit der Kultur der Menschen in den deutschen Kolonien beschäftigt. Für das Wohlwollen meines Bruders war entscheidend, dass sich Milly, auch für mich einigermaßen überraschend, als eine überzeugte Katholikin vorstellte. Das war gewissermaßen der Türöffner für die junge Dame aus Kamerun. Sie genoss jetzt große Sympathien im Hause Sprentzel. Mit meinen Eltern versuchte Milly, so gut es ging, deutsch zu sprechen. Es war beachtlich, wie gut sich das Negermädchen ausdrücken konnte. Die Eltern waren beeindruckt und luden Milly einige Male zum Abendessen ein, montags, wenn der Zirkus keine Vorstellung hatte. Sie wurden immer interessierter an Millys bisherigen Lebenserfahrungen. Die 15-jährige sprach weiter deutsch, bei problematischen Themen aber englisch, was auch meine Eltern einigermaßen verstanden. Sie spürte die Güte, die man ihr entgegenbrachte und wurde bei der Schilderung rassistischer Ressentiments immer offener. Sie bezeichnete die Deutschen als fremdenfeindlich. In ihrer Heimat hatte man sie wegen ihrer Strenge gefürchtet, aber auch als gebildete Menschen bewundert. In Dresden wurden ihnen böse Schimpfworte hinterhergerufen. Von den Zirkuschefs, die sie schlecht bezahlten, wurden sie wie Sklaven gehalten. Millys Vater beging aus Verzweiflung bald nach der Ankunft in Deutschland Selbstmord. Ein schwerer Schlag für die Familie, von dem sie sich nie richtig erholte. Milly war sehr gut darüber informiert, dass Neger auf Jahrmärkten als Volksbelustigung zur Schau gestellt wurden. Weinend klagte sie, dass die schwarze Rasse in Deutschland als hässlich, dumm und faul bezeichnet wird. Menschen wie sie seien oft Mitbringsel reicher Leute gewesen. Frauen noch dazu angeblich willige Sexualobjekte. Milly redete sich in Rage, aber meine Eltern hörten nicht nur aufmerksam zu, sondern wirkten auch tief betroffen. Sie schämten sich für ihre Landsleute und vielleicht auch ein bisschen für sich, weil sie Negern gegenüber weitgehend die Vorurteile der Gesellschaft teilten, bis sie Milly kennenlernten.

Auch ihr deutscher Wortschatz wurde mit der Zeit immer besser. Grammatikalisch hatte sie natürlich große Schwierigkeiten, aber meine Eltern waren überzeugt, dass sie bei entsprechender Schulung sehr gut Deutsch lernen würde. Mein Vater hatte dann eine tolle Idee. „Zella, Du könntest doch Milly Deutschunterricht geben. Das wäre doch auch für Dich eine gute pädagogische Übung. Was hältst Du davon? Alle in der Runde, nicht nur ich, waren begeistert von diesem Vorschlag, besonders natürlich Milly, die über das tolle Angebot wahnsinnig glücklich war. Nach einigen Lektionen bei mir zu Hause, bei denen das Mädchen aus Kamerun große Fortschritte machte, überbrachte sie einen Herzenswunsch ihrer Mutter. Sie sei so dankbar für die großzügige Unterstützung. „Ob es wohl möglich wäre, dass ich auch ihrer Schwester Nelly im Deutschen ein bisschen helfe. Sie ist noch Anfängerin und muss dringend besser deutsch lernen, um sich hier zurechtzufinden." Meine Eltern stimmten sofort zu, auch weil sie sahen, wie sehr Milly von mir profitierte. Es lag ihnen daran, dass ich mich auf diese Weise nicht nur als künftige Lehrerin bemühte, sondern mich auch sozial engagierte. Die letzte Klippe war Millys Bitte, dass der Unterricht bei ihnen im Zirkuszelt vor den Aufführungen erteilt werden sollte, weil die Schwestern dann bei Proben in der Vorbereitungsphase vor Ort sind. Aber auch diese für mich so ungewohnten, früher oft undenkbaren Termine, außerhalb des Hauses, waren für meine Eltern plötzlich absolut kein Hinderungsgrund.

Nelly, ein Jahr jünger als ihre Schwester, war längst nicht so intelligent. Sie wirkte noch viel kindlicher in ihrem Wesen, auch körperlich war sie viel weniger entwickelt, aber ebenfalls ein sehr liebes Mädchen. Sie sah aus wie ein schwarzes Püppchen, das man knuddeln möchte. Beim Lernen hatte sie große Schwierigkeiten. Eine echte Herausforderung für mich, der ich mich aber mit Hingabe widmete. Das Schönste war, dass ich mit Milly und Nelly nicht nur lernen musste, sondern auch viel Spaß mit ihnen hatte. Ich erfuhr viel über das Zirkusleben. Für mich eine völlig fremde, aufregende Welt. Neben den Tanzproben der Schwestern, die viel aufwendiger und anstrengender waren, als ich es mir vorgestellt hatte, interessierte ich mich besonders für die Dressurübung der Tiere. Braunbären waren im Zirkus Schumann die große Attraktion. Zweimal, manchmal auch dreimal wöchentlich verbrachte ich dort die Nachmittage. Nelly tat sich nach wie vor schwer, hatte aber auch zunehmend mehr Lust an den privaten Deutschstunden.

Ich sitze immer noch auf Fränzis Bettkante im Krankenzimmer und habe zunehmend Bedenken, die Freundin mit meiner Fülle an Informationen zu überfordern. „Fränzi, ist Dir das nicht alles zu viel?", frage ich besorgt und versuche, die Antwort in Fränzis Gesicht abzulesen. „Nein, überhaupt nicht, Zella, ich fühle mich wie früher, als Du mir Geschichten erzählt hast. Nur, dass Du sie Dir damals ausgedacht hast. Jetzt ist es doch viel aufregender, denn das hast Du alles so erlebt und empfunden. Und jetzt wird es doch erst richtig interessant, denn sicherlich kommt bald die Zeit, in der wir uns trafen." Fränzi richtet sich jetzt erstmals im Bett auf. Die innere Spannung überträgt sich ein wenig auf den geschwächten Körper. Fränzi mobilisiert offensichtlich letzte Kräfte, um sich nichts von meinen Erinnerungen entgehen zu lassen. „Ja, genau, Fränzi." Ich nehme den Faden wieder auf. „Eines Tages erzählte mir Milly, dass Maler zu ihnen gekommen seien und angeboten haben, sie und Nelly in ihrem Atelier zu zeichnen. Gegen ein gutes Honorar, natürlich. Die Mutter der Mädchen griff zwar in ihrer Lage nach jedem finanziellen Strohhalm, aber in diesem Fall wollte sie sich schon selbst davon überzeugen, ob sie ihre Tochter dort beden-

kenlos hinschicken konnte. Bei ihrem Besuch im Atelier machten die
Künstler auf die Frau aus Afrika einen sehr seriösen Eindruck. So wurden
die dunkelhäutigen Schwestern Modelle der „Brücke" Künstler." Fränzi
hakt an dieser Stelle ein und sagt: „ Ich erinnere mich übrigens sehr gut an
Milly und Nelly. Ich hatte noch nie zuvor so kaffeebraune Mädchen gesehen. Ich war erstaunt , wie fröhlich sie im Atelier herumsprangen und
Ernst und Erich ganz selbstverständlich jeden Wunsch erfüllten." „ Wie
meinst du das? Wirklich jeden Wunsch?" frage ich misstrauisch dazwischen . Fränzi will keinen falschen Verdacht aufkommen lassen und stellt
gleich klar: „ Wo denkst Du hin, Zella, es ging um nichts anderes als künstlerische Ambitionen. Jedenfalls habe ich nichts anderes erlebt," schränkt
Fränzi dann doch vorsichtig ein und fügt noch hinzu: „Bitte denke daran,
wie jung und unerfahren ich war. Mir wäre wahrscheinlich nichts verdächtig vorgekommen. Meine Freunde, die Maler, waren die nettesten Menschen der Welt. Noch heute fühle ich mich ihnen eng verbunden." Herrn
Kirchners Interesse an anderen Rassen, besonders Afrikanerinnen, ist
Fränzi sehr vertraut. „Bei späterer Beschäftigung mit Ernsts Werken habe
ich erfahren, dass er fasziniert war von der Magie und den Rätseln außer-
europäischer schöpferischer Gestaltung. Er hoffte dort auf tiefere Inspirationen. Insofern waren die beiden Mädchen natürlich ein Geschenk für ihn
und die anderen Maler. Aber, Zella, jetzt erzähle Du endlich weiter, wie Du
ins Atelier gekommen bist. Ich platze fast vor Neugierde," sagt Fränzi, der
man ihre furchtbare Krankheit in diesen Minuten immer weniger anmerkt.
Gebannt hängt sie an meinen Lippen.

Es fällt mir erstaunlich leicht, weiter über Dinge zu sprechen, die mir doch
eigentlich so unendlich peinlich sind. Noch dazu in lockerem Plauderton,
so als würde ich mich an einen lustigen Jugendstreich erinnern. Schon
lange war ich nicht mehr so entspannt. Fränzi sei Dank.

„Milly fragte mich also, ob ich nicht auch die Künstler kennenlernen wollte. Die suchten angeblich weitere Kindermodelle. Sie seien sehr nett und
völlig anders als die meisten spießigen Deutschen. Eigentlich unvorstellbar

für mich, dachte ich." „Was geschieht denn dort konkret?", fragte ich Milly. „Auch Nacktmalerei?" „Ich glaube, das kannst Du bestimmen. Für uns ist es überhaupt kein Problem, nackt herumzulaufen. Wir sind das zu Hause von frühester Kindheit gewohnt. Bei den Malern posieren wir mal unbekleidet und dann wieder mit unseren Gewändern, die die Künstler so herrlich exotisch finden. Das ist ein Riesenspaß und eine völlig ungezwungene Atmosphäre. Ich weiß, dass Ihr da etwas prüder seid. Aber wie gesagt, ich glaube, Du bestimmst, wie Du gemalt werden möchtest." Für mich war es natürlich ein gewaltiger Unterschied, ob Milly aus einem unterentwickelten Naturvolk dies so empfindet, oder ich mich als brave Oberschülerin entblöße. Andererseits ist bei mir durch die Begegnungen mit Milly und Nelly die Abenteuerlust gewaltig entfacht worden. Ich bin neugieriger geworden auf das Leben jenseits meiner bisher so eng gesteckten Grenzen. Und hatte nicht Milly gesagt, dass man sich nicht unbedingt entkleiden musste? Außerdem könnte ich mir das Treiben im Atelier mal in Begleitung der Negermädchen ansehen und mich dann entscheiden. Zu Hause dürfte ich keine Probleme bekommen, denn den Eltern konnte ich erzählen, dass ich nach wie vor Deutschstunden abhalte.

Jetzt gelingt es mir plötzlich nicht mehr, gelassen zu bleiben. Das Schamgefühl ist zurück. Ich schaue Fränzi ganz ernst an und spreche mit gedämpfter Stimme im schleppenden Tempo weiter: Meine Skrupel wichen immer mehr einem unstillbaren Erlebnishunger. Ich stand völlig neben mir, war total von Sinnen und traf die fatalste Fehlentscheidung meines Lebens. Wie war das möglich, bei meiner guten Kinderstube, der kirchlichen Erziehung mit der Vermittlung von sittlichen Werten, zu deren strenger Einhaltung ich mich verpflichtet habe? Dazu gehört auch, dass man seinen Eltern stets die Wahrheit sagen muss. Warum nur war ich innerlich so wenig gefestigt? Ich hatte doch in den Bibelstunden alles gelernt, was für mein Leben wichtig war: Moral, Anstand und Ehrlichkeit vor allem.

Ich mache eine kurze Pause, um mich von dem zu erholen, was ich da gerade gesagt habe und immer noch nicht richtig verstehe. „Es tut mir leid,

Fränzi, dass ich Dich mit diesen Problemen belästigt habe, aber nur mit dieser Vorgeschichte kannst Du verstehen, warum ich in einen Abgrund getaumelt bin und mich eigentlich ständig irgendwo festklammere, um nicht im freien Fall in die Tiefe zu stürzen. Dorthin, wo die Hölle ist."

Fränzi kann zwar den Ausführungen geistig klar folgen, ist aber nicht in der Lage, auf meine brutalen Selbstanklagen zu reagieren. Auch deshalb nicht, weil sie davon total überrascht wurde, und selbst ihre zwei Jahre bei den Malern ganz anders erlebt hat. Von Anfang an voller Freude, ja geradezu euphorisch. Um die Situation etwas zu entkrampfen, frage ich Fränzi, ob sie vielleicht erzählen wolle, wie sie ins Atelier gekommen ist. Fränzi ist sofort dazu bereit. Ein schöneres Thema gibt es nicht für sie.

„Meine Mutter war eine Kollegin von Doris Große, die 1910 Ernsts Gelieb-te war. Er nannte sie nur Dodo. Die beiden Frauen waren Hutmacherin-nen. Dodo hat mich Ernst empfohlen, weil sie wusste, dass er Kindermo-delle suchte. Ich war ja das Jüngste von 12 Kindern. Meiner Mutter war ein bisschen Geld viel wichtiger als etwaige moralische Bedenken. Und die Maler waren großzügig. Bei der Vielzahl an Bildern war das auch abso-lut gerechtfertigt. Ich glaube, ich verbrachte manchmal mehr Stunden im Atelier als in der Schule. Aber, Zella, jetzt erzähle doch bitte noch, wie Du von den Malern aufgenommen wurdest. Hattest Du bei den ersten Be-gegnungen schon so ein schlechtes Gefühl wie heute rückblickend?"
„Nein, natürlich nicht", entgegne ich. Dazu war ich ja viel zu gespannt auf das, was mich dort erwartete. Ich werde Dir jetzt wirklich die ganze Ge-schichte erzählen. Das ist mein eiserner Vorsatz, auch wenn manches schwerfällt."

Dann schildere ich, ohne zu zögern, wie freundlich und unaufdringlich ich von Kirchner und Heckel empfangen wurde. Sie spürten sofort, dass ich sehr schüchtern und scheu war. Ganz anders als die vielen anderen Mäd-chen, die im Atelier verkehrten und für die Künstler stets so posierten, wie die sich das wünschten. Mit oder ohne Kleidung, das war ihnen völlig egal. Aber die Maler gaben mir viel Zeit, die Atmosphäre im Atelier kennenzulernen. Ich wurde wie ein netter Gast behandelt. An Malerei war zunächst nicht zu denken. Aber insbesondere Herr Kirchner fand schnell heraus, dass ich gewisse Qualitäten hatte. Ich war geistig unglaublich reif für mein Alter, Herr Kirchner konnte mit mir anregende Gespräche führen. Er liebte es, wenn ich mich an das Klavier setzte, das in der äußersten Ecke des Ateliers direkt unter dem Fenster zum Hof stand, und ich ihm ein kleines Wunschkonzert präsentierte. Alles auswendig natürlich. Meine Klavierausbildung trug Früchte, sie fand auf hohem Niveau statt. Herrn Kirchners Lieblingsstück war die „Träumerei" von Robert Schumann. Das konnte er gar nicht oft genug hören." „Komisch, daran kann ich mich gar nicht erinnern," wirft Fränzi ein. „Ich glaube, bei meinen kleinen Klavierkonzerten waren wir fast immer allein," versuche ich zu erklären. „Auf jeden Fall hat meine Intelligenz Herrn Kirchner sehr beeindruckt. Andererseits war ich für ein fast 15-jähriges Mädchen körperlich noch nicht sehr stark entwickelt. Die Statur wirkte noch kindlich. Diese Diskrepanz reizte den Maler. Ein Modell dieser Art war ihm völlig fremd. Ich arbeitete ja auch nicht wie die anderen Frauen und Mädchen auf Honorarbasis, sondern ich war einfach aus fehlgeleiteter Neugier mit den beiden Negermädchen mitgekommen, ohne dass meine Eltern etwas von diesen Besuchen ahnten. Herrn Kirchners Interesse an mir, dem Neuling, wurde immer größer. Er empfand meine fehlenden körperlichen Reize als besondere Herausforderung. Er, der ja zuweilen im Umgang mit anderen Menschen sehr grob und unsensibel sein konnte, wollte mich möglichst feinfühlig für seine Kunst gewinnen. Die Sympathien beruhten auf Gegenseitigkeit, denn auch mir gefiel Herrn Kirchners lockere Art. Einerseits aufregend und geheimnisvoll, andererseits bedrohlich. Ein Zwiespalt der Gefühle. Ich fand nämlich die Ausstattung des Ateliers schamlos und vulgär. Bunt bemalte Tücher sowie selbst gefertigte Möbel und Skulpturen mit sexuellen Motiven waren alles andere als kindgerecht, so mein erster Eindruck. Nackte Frauen aus Holz dienten als Sitzgelegenheit. Ofenkacheln, Gardinen und Wandbehänge zeigten Liebespaare in einer Eindeutigkeit, die schockierend auf mich wirkte. So etwas hatte ich vorher noch nie gesehen und hatte mich auch dafür

nicht im geringsten interessiert. Ich kam eben aus einer ganz anderen Welt. Das Ambiente schreckte mich spontan ab, und ich wunderte mich, wie unbefangen andere Mädchen damit umgingen. Noch dazu in einer Zeit, in der es sich nicht einmal für erwachsene Menschen schickte, über erotische Themen zu sprechen, geschweige denn Sexualität irgendwo zur Schau zu stellen. Dieses Atelier war eigentlich eine ganz normale Wohnung in der Berliner Straße, die die Künstler in ihrem Sinne gestaltet haben. Merkwürdig, dachte ich mir. Mir kam alles völlig fremd und auch ein bisschen unheimlich vor. Ich war andererseits viel zu unerfahren, um aus meinen Beobachtungen konkrete Vorwürfe gegen die Künstler ableiten zu können. Schamgefühl hat hier keiner, wunderte ich mich allerdings. „Wie war das eigentlich bei Dir, Fränzi? Hat Dich die Ausstattung des Ateliers nicht gestört?" „Überhaupt nicht! Sie gehörte zu der grenzenlosen Freiheit, die wir alle dort genossen und im richtigen Leben so oft vermissten. So habe ich das als kleines Mädchen empfunden. Da ich mich später intensiv mit den „Brücke" Malern beschäftigt habe, kann ich heute Deine Frage leichter beantworten. Die Künstler wollten mit ihrer Arbeit einen Kontrast schaffen zu der reaktionär konservativen Gesellschaft der damaligen Zeit. Dazu gehörte für sie auch der passende Rahmen im Atelier."
„Ja, aber, das ist doch kein Grund, alles so freizügig sexuell aufzuladen, Sitte und Anstand völlig auszublenden", erwidere ich ein bisschen empört. „Doch, Zella, weil insbesondere das Sexualleben damals extrem verklemmt war, haben sie die freie Erotik bewusst als Befreiung von überkommenen Konventionen dargestellt. Das Atelier war für uns alle, ob jung oder älter, selbst für mich als kleines Mädchen, ein Ort, an dem wir eine Ahnung davon bekamen, wie wir eines Tages leben möchten. Nicht in jedem Detail vielleicht, aber grundsätzlich eben viel zwangloser als damals üblich. Das galt natürlich auch für partnerschaftliche Beziehungen."

Ich war völlig anderer Meinung und habe das Atelier als eine Art Sündenbabel in Erinnerung. So als wollten die Maler mit pornografischen Darstellungen an Vorhängen und Wänden ihr Interesse an einer Vermischung von Kunst und Sex bekunden. Ich hätte natürlich aus diesen Erkenntnissen damals sofort Konsequenzen ziehen müssen und nie wieder diese Räume betreten dürfen. Aber Herrn Kirchners Persönlichkeit und meine Abenteuerlust hatten mich so gefesselt, dass ich selbst eine so unmoralische Ausstattung hinnahm. „Und wann hast Du Dich zum ersten Mal malen lassen?", fragt Fränzi ein bisschen schelmisch. „Das hat gar nicht so lange gedauert. Es waren aber eher schnelle Skizzen von mir in der Kleidung, die ich gerade trug." „Und wann hattest Du Deine Aktpremiere, Zella?" „Ich wollte, es hätte sie nie gegeben," antworte ich jetzt wieder schuldbewusst, „aber ohne Dich, Fränzi, wäre es dazu nicht gekommen." „Oh Himmel, ich bin schuld an allem", ruft Fränzi erschrocken. „Nein, nein, natürlich nicht, keine Sorge", versuche ich die Freundin zu beruhigen. „Du hast nur unbewusst dazu beigetragen, dass ich schließlich doch den unverzeihlichen Schritt getan habe."

Dann schildere ich, wie mich Herr Kirchner von der Einmaligkeit der Aktmalerei überzeugen wollte. Das sei schon lange eine Krone künstlerischen Schaffens. Ein Mädchen wie ich sei bisher weder von ihm noch von anderen Künstlern gezeichnet worden. Er als Maler und ich als Muse würden Kunstgeschichte schreiben können. Herrn Kirchners Phantasie steigerte sich in immer kuriosere und für mich absurdere Sphären. Ich blieb zunächst standhaft. Herr Kirchner akzeptierte das, wenn auch sichtlich enttäuscht und immer ungeduldiger. Dass sich Milly und Nelly vor meinen Augen nackt malen ließen, war für mich keine Überraschung. Sie hatten mir ja auch schon vorher erzählt, wie unbefangen sie damit umgehen konnten.

„Aber dann sah ich Dich, Fränzi, wie Du, noch viel lockerer als die beiden Negerinnen, splitterfasernackt im Atelier herumgelaufen bist. Ohne irgendwelche Hemmungen. Du warst zwar einige Jahre jünger als ich, aber eben auch kein Kleinkind mehr. Also, ich wäre mit 10 Jahren noch viel verklemmter gewesen als zu meiner Zeit mit den Künstlern. Aber Du sprangst da fröhlich und ohne Skrupel herum, und die Maler hatten ihren Spaß mit Dir. Sie haben Dich oft pausenlos gemalt, auch wenn Du durch

die Räume geturnt bist." „Dann hättest Du mal ein Jahr zuvor bei den Moritzburger Teichen dabei sein müssen", wirft Fränzi ein. „Da sind viele Bilder nur so spontan aus der Bewegung entstanden, ohne dass ich Modell
gestanden habe." „Auf jeden Fall waren Deine Fröhlichkeit und Dein un-
beschwertes Wesen ansteckend für mich. Wir freundeten uns schnell an.
Ich bastelte mit Dir und brachte Dir Süßigkeiten mit. Manchmal holte ich
Dich von zu Hause ab, denn Du wohntest ja in meiner Nähe. Oft habe ich
Dir aus Büchern vorgelesen, und als Du gesehen hast, dass ich Milly und
Nelly Deutschunterricht gegeben habe, hast Du mich gefragt, ob ich Dir
auch ab und zu bei den Schularbeiten helfen kann. So wurde unser Verhältnis immer enger."

„Ja, das war herrlich. Ich erinnere mich an viele Einzelheiten, die Du mir
erzählt hast", sagt Fränzi, die immer noch nicht zu erschöpft ist, um mir
zuzuhören. Die alten Geschichten waren wirksamer und auch schmerzbe-
täubender als Medikamente. „ Ich musste jetzt zunehmend aufpassen,
den Eltern meine relativ langen Abwesenheiten an einigen Nachmittagen
der Woche plausibel zu erklären. Aber das gelang ziemlich gut, weil sie
davon überzeugt waren, dass ihre Tochter für Milly und Nelly eine immer
größere Hilfe sei.

Herr Kirchner war hocherfreut, dass wir uns so gut verstanden. Er hoffte,
dass sich ein wenig von Fränzis Leichtigkeit auf mich als ältere Freundin
übertragen würde. Kann es sein, dass er Dich gebeten hat, Einfluss auf
mich auszuüben, damit ich genauso unbefangen wie Du herumspringe
und mich ebenfalls nackt malen lasse?", frage ich. „Ehrlich, Zella, das weiß
ich nicht mehr", erwidert Fränzi. „Aber irgendwann standen wir Ernst
doch beide für das Bild, das jetzt bei Mutter hängt, zur Verfügung", fügt
sie hinzu. „Ja, leider! Meine Hemmschwelle wurde immer niedriger, als ich
Dich und die anderen unbekleidet im Atelier gesehen habe, so als sei das
die natürlichste Sache der Welt. Auch die Maler liefen zuweilen nackt um-
her, wodurch der freizügige Gesamteindruck noch selbstverständlicher
wurde. Das Atelier wirkte oft wie ein Zentrum der Freikörperkultur. Ich

war nur noch ein Außenseiter mit meinen Moralvorstellungen. So kam, was kommen musste: Ich habe mich tatsächlich eines Tages von dieser Stimmung inspirieren lassen und ließ mich zur Produktion eines Aktbildes überreden, was mir noch heute völlig unverständlich ist. Damit geriet mein Verhalten außer Kontrolle. Die Dämme brachen. Der Verstand blieb endgültig auf der Strecke. Immerhin habe ich darauf bestanden, dass ich nur gemeinsam mit Dir gemalt wurde. So entstand dann das Bild, das Herr Kirchner Dir mitgebracht hat, Fränzi." „Richtig frei wirkst Du auf dem Bild aber immer noch nicht", meint Fränzi, „so als würdest Du Dich doch schämen. Ich habe erst viel später gesehen, dass ich von Deinen Ängsten angesteckt wurde und auch ganz verkrampft aussehe. Du warst eben mein Idol, mein großes Vorbild. Wenn Du nicht glücklich warst, hatte ich auch Probleme."

Ich erzähle, dass Fränzi abwechselnd von Ernst Ludwig Kirchner und Erich Heckel, zuweilen auch von Max Pechstein gemalt wurde, ich aber ausschließlich von Herrn Kirchner. Wahrscheinlich war ich insbesondere Herrn Heckel zu prüde. „Er hat sich sehr viel mit Dir beschäftigt, Fränzi", fällt mir ein, „dabei sind ja auch einige Bilder entstanden, die man schon als ziemlich anrüchig empfinden kann. Oder etwa nicht?", versuche ich vorsichtig zu ergründen und füge hinzu, ohne eine Antwort abzuwarten: „Es gab ja immer mal Gerüchte, dass sich gerade Herr Heckel Dir gegenüber unsittlich verhalten haben könnte. War das so?" „Aber nein, Zella", erwidert Fränzi fast ein bisschen pikiert. „ Nie hat sich jemand an mir im Atelier vergriffen. Alles war Spaß und Spiel. Das waren doch keine Pädophilen, sondern Künstler, die so herrlich ungezwungen wirkten und denen man voll vertrauen konnte. Wie hast Du denn Ernst empfunden?", will Fränzi jetzt wissen. Ich zögere ein bisschen und sage dann fast kleinlaut: „Ich glaube, ich hätte nicht einmal die vier Monate durchgehalten, wenn ich Herrn Kirchner nicht angehimmelt hätte. Er war mein erster Jugendschwarm. Völlig platonisch, versteht sich. Aber die Gefühle für ihn waren so stark, dass ich ihm künstlerische Wünsche erfüllte, die nicht meinem Naturell und meiner Erziehung entsprachen. Dabei war er ja doppelt so alt wie ich. Aber ein gut aussehender Mann, der mir gegenüber sehr charmant war." „Mensch, Zella, das ist ja ein Ding! Ernst hatte doch jede Menge Frauen um sich. Warst Du da nicht eifersüchtig?", fragt Fränzi vorsichtig. „Nein, überhaupt nicht, denn ich strebte doch gar kein klassisches Liebesverhältnis mit diesem für mich relativ alten Mann an. Ich hätte ja nicht einmal gewusst, wie das geht. Im Grunde bin ich bis heute unaufgeklärt. Nein, ich hatte nur Schmetterlinge im Bauch, wenn wir uns begegneten. Eine fast kindliche Schwärmerei, die aber dazu führte, dass mir das Atelier immer wichtiger wurde. Wir haben viel mehr bei albernen Spielen auf dem Teppich und ernsthaften Gesprächen verbracht als bei der Malerei", ergänze ich. Dann beschreibe ich, dass Herrn Kirchner meine Vertrautheit nicht verborgen blieb, und er dadurch die Chance sah, sein eigentliches Ziel zu erreichen, nämlich, ein Gemälde ganz allein von mir irgendwann zu produzieren. In gewisser Weise nutzte er meine unschuldige Naivität aus, aber aus meiner Sicht völlig ohne sexuelle Ambitionen. Ich, das ungewöhnliche Modell, war für ihn künstlerisch äußerst wertvoll. Eine großartige Möglichkeit, etwas Außergewöhnliches zu schaffen. Wohler fühlte ich mich nach wie vor, wenn ich mit Herrn Kirchner voll bekleidet Kontakt hatte. „Erinnerst Du Dich eigentlich an Senta?", fällt mir in diesem Zusammenhang ein. „Ja, ich glaube schon!", erwidert Fränzi. „Ernst hat sie porträtiert, und auch Euch beide gemalt, wenn ich mich nicht irre." „Richtig, Fränzi! Das war auch wieder so listig von Herrn Kirchner. Er brachte uns beide zusammen, weil er wusste, dass Senta völlig hemmungslos war. Sie zog sich unaufgefordert sofort aus, als sei sie seine Geliebte. Was sie hoffentlich nicht war, denn Senta war nicht älter als ich, also auch noch minderjährig, aber körperlich viel stärker entwickelt. Ein typisches „Brücke" Modell, das genaue Gegenteil von mir. Aber Herr Kirchner versuchte, mich mit Sentas Hilfe so zu lockern, dass er sich eine Zeichnung mit mir nicht jedes Mal erbetteln musste. Ich sollte auf meine für Herrn Kirchner so reizvolle Art in die Künstlergruppe integriert werden. Sein Plan ging auf. Aber das war auch nicht allzu schwer, denn seit ich mit Dir, Fränzi, zum ersten Mal nackt gemalt wurde, ließ ich erschreckend leicht die Hüllen fallen. Freunde hätten mich mit Sicherheit nicht wiedererkannt. Von der Familie ganz zu schweigen. Das zunächst so stark ausgeprägte schlechte Gewissen machte sich zunehmend weniger bemerkbar. Ich war einfach betäubt. Dazu kam noch, dass ich Herrn Kirchner gefallen wollte, und Senta, wie eigentlich alle Mädchen dort, sehr sympathisch und kontaktfreudig fand. Außerdem gefiel es mir, dass ich wieder nicht allein gemalt wurde. Ich habe bis heute nicht vergessen, dass Senta mir Bogenschießen beibrachte. Ausgerechnet Bogenschießen in einem Maleratelier. Sie brachte die Ausrüstung dafür mit, und Herr Kirchner, der ja viele Späße zu haben war, stellte die Schießscheibe auf eine der vielen Staffeleien und los ging es. Ich war nicht untalentiert, auf jeden Fall war Senta erstaunt, wie gut ich getroffen habe. Wir schossen natürlich unbekleidet. Das ließ sich Herr Kirchner nicht entgehen. Sofort zeichnete er uns mit Pfeil und Bogen auf die Rückseite einer Postkarte, die er an Herrn Heckel schickte, der sich häufig an der Nordsee aufhielt, wenn er nicht in Dresden war. Senta und ich unterschrieben die Karten mit lockeren Sprüchen. Auch Herr Heckel war uns sehr vertraut, Senta noch mehr als mir. Sie war auch schon wesentlich länger bei den Malern. Von uns beiden gibt es viele Bilder, oft als Bogenschützen. Später war ich erstaunt, dass ich auf einigen Zeichnungen viel fröhlicher aussehe als noch mit Dir, Fränzi. Aber daran erkennst Du, wie sehr ich mich immer mehr mit dem identifiziert habe, was im Atelier geschah. Herr Kirchner hatte es geschafft. Er hatte mich verführt, nicht körperlich, sondern geistig und moralisch. Als hätte er mir Rauschgift gegeben. Seine Spekulation, Senta könnte dabei helfen, erwies sich zunächst als goldrichtig, denn mit diesem fröhlichen Mädchen hatte ich nicht nur beim Bogenschießen viel Freude. Je mehr wir uns anfreundeten, umso offener habe ich gerade mit ihr als Gleichaltriger Dinge besprochen, die mir bei aller zwischenzeitlichen Euphorie auffielen und mich skeptisch werden ließen. Aber gerade Senta versuchte mich zu beruhigen. Sie hat die Malerei und die Aktivitäten im Atelier genauso wie Du als reinen Spaß empfunden. Nie sei sie in irgendeiner Weise belästigt worden." „Warst Du dann endlich davon überzeugt, dass die Maler nur künstlerische Absichten hatten?", fragt Fränzi. „Vielleicht, was ihr Verhalten Kindern gegenüber angeht. Aber es kamen ja auch immer mehr ältere Frauen. Da hatte ich schon Intimitäten mit Herrn Kirchner und Herrn Heckel beobachtet, vor, während und nach der Entstehung von Bildern. Senta fand das nicht der Rede wert." „Das sind erwachsene Menschen, Zella, was ist dabei?" meinte sie. „Na, ich weiß nicht, ob es in Ordnung ist, wenn sie sich so offen und ungeniert lieben, dass wir das mitbekommen", empöre ich mich. „Siehst Du, Zella, genau das sollten wir auch schon als eine natürliche schöne Sache empfinden." Ich war erstaunt über Sentas Moralvorstellungen. Wie und wo mag sie aufgewachsen sein, dass sie über so tabuisierte Themen frank und frei, ohne irgendwelche Hemmungen, sprechen konnte. 1910 wohlgemerkt. „Sie errötete nicht einmal, wie ich noch heute, wenn ich Dir das erzähle." Fränzi muss schmunzeln. Sie kann sich vorstellen, dass ein braves, gebildetes Mädchen aus sogenanntem guten Haus an Erotik wahrscheinlich nicht einmal zu denken wagte und entsprechend entsetzt war, wenn es damit konfrontiert wurde. Bei den Malern waren aber vorwiegend ungebildete Frauen aus sozial schwachen Schichten beschäftigt, sogar Prostituierte, und die Kindermodelle wurden eben auch von den Eltern in ihrer Not an die Künstler vermietet. Wie Fränzi selbst, nur ich nicht.

Dann geschah etwas Unerwartetes. Noch immer unterrichtete ich die beiden Mädchen aus Kamerun. Nur so konnte ich ja nach wie vor meine Ausflüge zu Hause rechtfertigen und erklären. Eines Tages kam Milly wutentbrannt auf mich zu und beklagte sich laut schreiend, dass Kirchner ihr und Nelly gegenüber anzügliche Bemerkungen und ziemlich eindeutige Angebote gemacht habe. „Wir sind doch kein Freiwild", schimpfte Milly, „nur, weil wir schwarz sind und aus Afrika kommen." Herr Kirchner habe noch gesagt, sie solle nicht so empfindlich sein. „Genau das haben wir überall in Deutschland gespürt. Wir wurden nie als gleichberechtigte Menschen behandelt, sondern stets als Objekte, derer sich die Kolonialherren zu ihrem Lustgewinn bedienen können. Eigentlich sind wir immer noch Sklaven wie unsere Vorfahren." Milly war gar nicht zu bremsen in ihrer Empörung. Ich war einerseits fassungslos, andererseits fühlte ich mich bestätigt in meiner

Skepsis. Ich wartete geradezu auf einen Vorfall dieser Art. „Das ist ja schrecklich", äußert sich Fränzi verlegen. „Das habe ich nicht gewusst und damals wohl auch nicht bemerkt. Was haben Milly und Nelly gemacht?" „Das, was ich spätestens jetzt hätte machen müssen, aber leider nicht getan habe", erwidere ich. Sie verließen sofort die Maler. Da kurz darauf der Zirkus Schumann in eine andere Stadt zog, ging eine wunderbare Freundschaft abrupt zu Ende." „Was bedeutete das für Dich?", fragt Fränzi. „Ich bin wütend zu Herrn Kirchner gerannt. Das musst Du Dir mal vorstellen, so schüchtern wie ich war. Aber der Zorn kochte in mir hoch. Ich konfrontierte ihn mit Millys Vorwürfen und wolle ihm eigentlich nur sagen, dass ich es schon immer geahnt habe, dass selbst junge Frauen im Atelier nicht nur gemalt sondern auch benutzt würden und ich unter diesen Umständen keine Minute länger bei ihm bleiben könne. Aber Herr Kirchner bat mich, ihm in Ruhe zuzuhören, denn der Vorfall beruhe auf einem Missverständnis, das ihm sehr unangenehm sei. Er erzählte, dass er Milly und Nelly zusammen in einer bestimmten Pose zeichnen wollte, bei der auch die Geschlechtsteile zu sehen waren. Bei Aktbildern durchaus üblich. Obwohl ich den Schwestern ja sehr viel deutsch beigebracht hatte, hatten sie bei speziellen Erklärungen noch sprachliche Schwierigkeiten und haben eine Bitte von ihm angeblich völlig falsch verstanden. Als er versuchte, die Sache auf englisch auszubügeln, wurde es noch schlimmer, weil sein englisch schlechter war als die Deutschkenntnisse der Mädchen. Da sie wegen der pausenlosen Beleidigungen in der Stadt sehr misstrauisch geworden waren, glaubten sie sofort an einen sexuellen Annäherungsversuch. Das war es aber ganz und gar nicht, betonte Herr Kirchner mit Inbrunst und beendete seine Rechtfertigungsversuche mit dem Satz: „Ich schwöre, dass es sich so abgespielt hat." Alle Bemühungen, den Negermädchen es so zu erklären, wie er es mir gegenüber getan hat, scheiterten kläglich. Sie hörten ihm kaum noch zu. Sie waren zutiefst verletzt. Grundlos, wie Herr Kirchner beteuerte. Sie glaubten ihm kein Wort."

„Und Du, Zella, hast Du ihm geglaubt?" „Eigentlich zweifelte ich erheblich an seiner Darstellung, aber ich wollte ihm glauben. Unbedingt. Im Umgang mit ihm versagte mein sonst so ausgeprägter Verstand. Ich hatte noch keinen Intimfreund, eigentlich auch später nicht. Ich blieb immer eine jungfräuliche Lehrerin. Darauf bin ich übrigens auch stolz. Ich blieb freiwillig keusch. Ich liebte meine Eltern und meinen Bruder. Das reichte mir. Sonst niemanden mit dieser Intensität. Ich erzähle Dir das alles, Fränzi, damit Du verstehst, warum ich an Herrn Kirchner hing. Das waren Gefühle ihm gegenüber, die ich bisher nicht kannte und auch nicht einordnen konnte. Dazu fehlte mir die Erfahrung. Ich kann es nur noch einmal betonen: Es war kein Begehren, kein körperliches Verlangen, nie mehr als Schwärmerei. Aber zum ersten Mal fühlte ich mich zu einem fremden Mann hingezogen. Meine Seele jubelte. Diese pubertäre Anhänglichkeit ließ mich meine Bedenken gegen das Treiben im Atelier verdrängen. Sogar die Gewissensbisse gegenüber meinen Eltern konnte ich ausschalten. Immer öfter jedenfalls. Ich traf plötzlich völlig irrationale Entscheidungen. Der Bauch rebellierte gegen den Kopf. So blieb ich im Atelier. Das fiel mir auch deshalb nicht schwer, weil ich dadurch besonders mit Dir, Fränzi, aber auch mit Senta noch weiter zusammen sein konnte. Freundinnen wie Euch hatte ich draußen nicht."

Fränzi umarmt mich, sie wirkt in diesem Moment richtig glücklich und erstaunlicherweise immer noch nicht erschöpft. Sie bittet mich, jetzt bloß nicht aufzuhören, sondern weiter von damals zu erzählen. Es wäre wie ein Geschenk für sie. Auch für mich hat die Begegnung mit Fränzi eine heilsame Wirkung, und so fällt es mir nicht allzu schwer, auch noch von der fragwürdigsten Phase bei Herrn Kirchner zu berichten.

„Er hatte gesiegt. Ich war jetzt bereit und in der Lage, mich allein von ihm malen zu lassen. Das war ja von Anfang an sein Herzenswunsch. Keine andere Muse sollte an jenem Nachmittag, Ende Juni 1910, seine volle Konzentration auf mich stören. Ich hatte immer noch Schwierigkeiten, mich zu entkleiden und dann mit einem Mann allein in einem Raum zu sein. Auch wenn es Herr Kirchner war. Vielleicht gerade, weil er es war, für den ich mehr empfand als für einen Fremden. Eine körperliche Nähe wollte ich aber auf keinen Fall entstehen lassen. Herr Kirchner war äußerst taktvoll, zog sich zurück als ich mich auszog und betrat den Raum erst wieder, als ich nackt auf der blau-schwarzen Decke saß, die er für das Bild am Rand einer Kommode platziert hatte. Auf meine Körperhaltung nahm er keinen Einfluss. Ich sollte es mir bequem machen und so sitzen wie ich es gern möchte. Lockerheit fiel mir schwer. Prompt verkrampfte ich wieder und versuchte, meine Blöße so gut es ging, schamhaft zu bedecken. Herr Kirchner plauderte mit mir über belanglose Dinge, um mich etwas aufzumuntern. Aber die Scheu konnte er mir nicht nehmen. Ich sah, glaube ich, nicht sehr fröhlich aus und fragte mich einige Male, warum ich seinem Drängen nachgegeben und mich in diese unangenehme Situation begeben habe. Wieder war der Wunsch, ihn nicht zu enttäuschen, stärker als die Hemmung. Herr Kirchner war wohl ganz zufrieden mit meinem Verhalten, denn die Tatsache, dass sich meine Körpersprache total von der anderer Modelle unterschied, übte ja auf den Künstler Kirchner offensichtlich einen besonderen Reiz aus und inspirierte ihn zu unserem Gemälde. Bei der Zeichnung ließ er sich ungewöhnlich viel Zeit. Normalerweise hatte er oft schnell ein Bild mit wenigen Strichen erstellt. Bei mir wirkte er sehr detailverliebt und penibel. Er arbeitete stundenlang an dem Gemälde. Dabei bat er mich, möglichst meine ursprüngliche Position beizubehalten. Das fiel mir nicht gerade leicht, zumal mir die ganze Situation bis zum Schluss äußerst peinlich blieb. Es war für mich wie eine Erlösung, als Herr Kirchner endlich fertig war, und ich mich anziehen konnte. Jetzt, mit meiner Schutzkleidung, war ich sofort wie verwandelt und hatte das dringende Bedürfnis, mit ihm über das Bild zu sprechen. Wunderbare Farben, das war das erste, was mir auffiel. Ich fand, dass er meine gedrückte Stimmung und die verklemmte Haltung sehr gut wiedergegeben hat, auch wenn ich mich darüber zunächst erschrocken habe. Ich war aber erstaunt über mein Aussehen. Ich war ja damals dunkelblond und hatte auf dem Bild dunkle Haare mit roten Strähnen." Auch zeichnete er mich voll geschminkt an Augen, Mund und Fingernägeln und erklärte dies so: „Ich kann mir Dich mit dunklen Haaren noch wesentlich attraktiver vorstellen.

Außerdem versuche ich, meinen Blick auf Dich mit Deinen Gefühlen bei der Entstehung des Bildes in Einklang zu bringen. Ich schaue in meiner Phantasie ein bisschen voraus, sehe in Dir ein Mädchen in der Pubertät, das bald eine Frau sein wird, die ihre Reize auch dadurch verstärkt, dass sie sich schminkt." Ich sah mich so erotisch aufreizend auch in naher Zukunft überhaupt nicht. Aus heutiger Sicht empfinde ich das Bild mit typisch männlichem Blick gemalt, wollte damals aber den Maler nicht unterbrechen. „Die rein fotografisch genaue Wiedergabe einer Person mag ich überhaupt nicht. Das gehört zur bürgerlichen Konvention der Vergangenheit. Das naturgetreue Porträt entspricht weder dem künstlerischen noch dem emotionalen Anspruch an ein Bildnis. Wichtig ist, dass ich Deine Befindlichkeit gut zum Ausdruck bringe, dann bietet so ein Gemälde viel mehr als eine Fotografie."

„Wie soll das Bild denn heißen?", fragte ich gespannt. „Marzella, natürlich Marzella. Denn um nichts anderes als um Dich geht es hier," antwortete Herr Kirchner und fügte mit grimmiger Miene hinzu: „Ich hätte es auch Pubertät nennen können. Aber dann kämen wieder die neunmalklugen Kritiker und würden mir erneut vorwerfen, dass ich Edvard Munch kopiere. Von dem existiert ein Bild, das er Pubertät genannt hat. Als hätte ich es nötig, jemanden zu kopieren. Lächerlich, schon gar nicht Munch. Nein, nein, dieses traumhafte Gemälde heißt Marzella. Es ist ein Meisterwerk." Neben der Lobhudelei redete sich Herr Kirchner in Rage und hatte offensichtlich das Bedürfnis, seinen Frust abzulassen. Vielleicht glaubte er in mir eine Gesprächspartnerin zu haben, die ihm im Gegensatz zu den eher schlichten Mädchen, die er sonst um sich hatte, geistig folgen konnte. Aber er irrte sich gewaltig, denn ich war nicht nur zu jung, sondern ich hatte auch kein bisschen Kunstverständnis. Das hielt Herrn Kirchner allerdings nicht davon ab, sich weiter darüber zu beschweren, dass ihm vom Kritikern und auch Kollegen nicht die nötige Wertschätzung entgegengebracht wurde. „Da wurden wir doch tatsächlich in einer Zeitung als Hottentotten im Frack verspottet. So unter dem Motto: Konservative Bürgersöhne spielen ein bisschen künstlerische Revolution. Respektlos. Ich gelte als schwierig, verlange aber lediglich, dass man über meine Arbeit sachlich richtig und vernünftig schreibt. Wir glauben an eine neue Generation der Schaffenden. Als junge Künstler wollen wir uns die Lebensfreiheit verschaffen gegenüber älteren Kräften." Ich verstand fast nichts, hörte aber weiter aufmerksam zu. „Unsere „Brücke" Gruppe möchte die reine, ungekünstelte Darstellung des Körpers unmittelbar und unverfälscht einfangen." Je mehr er sich echauffierte, umso deutlicher wurde, dass Herr Kirchner ziemlich selbstverliebt war und sich sogar seinen Freunden Heckel und Pechstein als legitimer Kopf der „Brücke" Bewegung weit überlegen fühlte. Ich glaube, er hatte ein ausgeprägtes Geltungsbedürfnis, ein geradezu krankhaftes Sendungsbewusstsein. Er sah sich wirklich als einen legitimer Nachfolger von Albrecht Dürer. „Hast Du diesen Größenwahn damals schon erkannt?", fragt Fränzi. „Nein, natürlich nicht. Das wurde mir erst später als erwachsene Frau klar. Damals habe ich Herrn Kirchner nur für seine Fähigkeiten bewundert. Er war natürlich auch ein charmanter Schmeichler. Dann erwähne ich, dass Herr Kirchner noch einmal von dem gerade fertiggestellten Gemälde schwärmt: „Zella, ich verspreche Dir, dieses Bild wird ein Riesenerfolg. Es ist mir so gut gelungen, wie selten ein anderes zuvor. Ich wusste, dass ich das mit Dir schaffen kann. Einen Akt dieser Ausdruckskraft habe ich noch nie gesehen. Diese Ambivalenz von kindlicher Unschuld und beginnender Sexualität. Großartig. Dein Verdienst, Zella. Ich danke Dir. Ich werde das Gemälde bei unserer Ausstellung in der Galerie Arnold als Blickfang aufhängen lassen." „Und warst Du jetzt stolz?", fragt Fränzi gespannt. „Ich war erleichtert, dass Herr Kirchner so zufrieden war", erwidere ich nachdenklich. „Merkwürdigerweise hatte ich überhaupt kein Schuldgefühl. Ja, vielleicht war ich tatsächlich stolz, dass er in mir ein so bedeutendes Modell sah. Das weiß ich aber nicht mehr so genau, weil ich ja heute davon überzeugt bin, mich schrecklich versündigt zu haben und deshalb wohl zu Recht mit der Angst vor dem Ehrverlust leben muss." „Danach warst Du nicht mehr lange bei uns", glaubt sich Fränzi zu erinnern. Ich nicke stumm und schildere dann die Atmosphäre im Atelier vor den Sommerferien. „Bei den Künstlern gab es eigentlich kein anderes Thema als die Moritzburger Teiche. Dort in der Nähe von Dresden hatten sie mit mehr als einem Dutzend Mädchen und Frauen 1909 einige Wochen verbracht und waren seitdem überzeugt, dass die Arbeit in freier Natur an einem See ihrer künstlerischen Vorstellung am meisten entspricht. So hörte ich insbesondere Herrn Kirchner, aber auch Dich, Fränzi, häufig von diesem Ort schwärmen. Du hast mir von Deinen tollen Erlebnissen dort draußen erzählt. Das ist wirklich paradiesisch, hast Du gesagt und mir dann Dinge erzählt, die ich bis heute nicht vergessen habe. Wenn Du willst, kann ich Dich jetzt noch fast wörtlich zitieren, so fasziniert war ich von Deinen Geschichten. Soll ich?" „Ja, bitte, Zella, unbedingt. Es ist unglaublich, was Du alles behalten hast," antwortet Fränzi begeistert. „Na gut. Du hast da draußen alles noch viel ungezwungener und natürlicher empfunden als in den geschlossenen Räumen der Stadt. Du wurdest richtig euphorisch." „ Wir spielen und plantschen den ganzen Tag, nackt im warmen Wasser, und die Maler fangen das mit Pinsel und Bleistift in Windeseile ein. Sie nennen die Zeichnungen „Viertelstundenakte". Also, sie brauchen nicht mehr als 15 Minuten, um das fröhliche Treiben im See darzustellen. Wir müssen nie in einer bestimmten Haltung oder Stellung posieren. Sie malen voll aus unserer Bewegung heraus. Manchmal dürfen wir selbst Zeichnungen anfertigen. Ich war gar nicht so ungeschickt dabei, hat Erich Heckel zu mir gesagt. Aber er hatte mich ja ohnehin besonders gern." Mir fiel dann noch dazu ein, dass ich Herrn Kirchner fragte, ob sich niemand darüber beschwert habe, dass da nackt gebadet wurde. Das sei doch damals verpönt, wenn nicht sogar verboten gewesen. So eine große Gruppe muss doch aufgefallen sein. „Ja, wir wurden sogar angezeigt", sagte Herr Kirchner von Lachkrämpfen geschüttelt. „Eines Tages erschien ein Polizist bei uns und beschlagnahmte ein vermeintlich anrüchiges Bild und zeigte uns bei der Staatsanwaltschaft in Dresden an. Als Max Pechstein dort erschien, gab ihm der Hüter des Gesetzes das Bild zurück und gratulierte zur Ernsthaftigkeit, mit der offensichtlich die künstlerischen Ziele verfolgt werden." Als Herr Kirchner mein skeptisches Gesicht sah, erzählte er mir auch noch von der besorgten

Mutter zweier Kinder, die an die Teiche kamen, um sich davon zu überzeugen, dass ihren Kleinen da nichts Böses geschieht. „Mit großer Achtung vor unserer Arbeit kehrte sie erleichtert nach Dresden zurück", betonte Herr Kirchner und hoffte damit, mein Misstrauen beseitigt zu haben. „Hat er das?", fragt Fränzi. „Ein bisschen schon.", sage ich. „Und warum bist Du dann im Sommer nicht mitgekommen?", fragt Fränzi noch. „Ach, Fränzi, Du wirst Dich nicht mehr daran erinnern, dass Du mich im Atelier geradezu angefleht hast, Euch zu begleiten. Aber ich habe Dir sofort gesagt, dass das ganz unmöglich sei. Wie sollte ich das denn meinen Eltern erklären? Sogar die Nachmittage in der Berliner Straße ließen sich ja immer schwerer begründen. Es war eben alles Lug und Trug. Und dann Ausflüge an ein Gewässer außerhalb Dresdens. Mit Übernachtungen: undenkbar. Ich hatte mehr als 14 Jahre nur zu Hause geschlafen. Gut bewacht, positiver ausgedrückt, wohlbehütet. Vom Spaß an den Moritzburger Teichen konnte ich nur träumen. Da ich aber nicht mehrere Wochen von Euch und besonders auch Herrn Kirchner getrennt sein wollte, habe ich ihn gefragt, ob er mich im Sommer braucht. Die Moritzburger Teiche hatte ich nicht konkret erwähnt, als hoffte ich, dass es auch in Dresden, in meiner Nähe, ein Betätigungsfeld für mich gäbe. Völlig absurd. Ich wusste doch genau, dass alle im Sommer nach Moritzburg umziehen. Also, wieder so eine verrückte Gefühlsregung. Meine angebliche Intelligenz hatte ich im Atelier oft krass ausgeschaltet.

Herr Kirchner hatte meine Anfrage dann auch so aufgenommen, wie ich sie eigentlich gemeint habe. Er verstand sofort, dass ich interessiert wäre, das muntere Treiben am Wasser mitzuerleben, es nur nicht wagte, dies so genau zum Ausdruck zu bringen, weil es ja für mich völlig utopisch war. Herr Kirchner wollte sich mit Herrn Heckel, seinem damals engsten Vertrauten bei der Freiluftarbeit, beraten." Er nahm mich wenige Tage später beiseite und erklärte mir: „Sei nicht traurig, Zella, aber Du bist nicht der Typ für das, was wir in Moritzburg machen. Da hüpfen alle nackt durcheinander, und wir fertigen schnelle Skizzen davon an. Die Mädchen sind so inbrünstig mit ihren Spielen beschäftigt, dass sie es häufig gar nicht wahrnehmen, wenn wir sie malen." Dann sagte er: „Fränzi ist mit ihrer anmutigen kindlichen Toberei ideal für uns. Dadurch sind von ihr auch die meisten Bilder an den Seen entstanden. Oft nur kleine Bleistiftzeichnungen." Fränzi schaut amüsiert, während ich weiter berichte, was Herr Kirchner mir zu sagen hatte: „Du, Zella, bist wegen Deiner ruhigen, besonnenen Art, wunderbar geeignet für Atelierarbeiten. Du hast es ja bei unserem herrlichen Gemälde selbst erlebt, zu welchen Höhen künstlerischen Schaffens Du mich inspirieren kannst." Jetzt begann er wieder vom Erfolg des Bildes zu träumen. „Du wirst sehen, wie die echten Fachleute das Gemälde bei der Ausstellung feiern, und es als großes Meisterwerk preisen werden." „Da hatte sich Herr Kirchner freilich gewaltig geirrt, zunächst musste er aber versuchen, bei mir ein bisschen Verständnis für seine Sommerabsage zu finden. Ich war zwar traurig, dass ich nicht das angebliche Paradies der Maler kennenlernen durfte, aber doch irgendwie erleichtert. So wurde mir zumindest die Peinlichkeit erspart, Herrn Kirchner irgendwann sagen zu müssen, dass ich es überhaupt nicht wagen würde, meine Eltern um die Genehmigung einer derartigen Exkursion außerhalb Dresdens zu fragen. Herr Kirchner wusste ja im Detail nichts von meinen Heimlichkeiten im Atelier. Aber eines war mir sofort klar: Mit Sicherheit hat sich Herr Heckel gegen meine Teilnahme am Sommerquartier ausgesprochen. Ich war ihm von Anfang an zu spröde und prüde, deshalb hat er mich auch nie gemalt. Herr Kirchner hätte mich möglicherweise mitgenommen, war aber wohl wirklich davon überzeugt, dass ich für das Treiben im Freien nicht geeignet sei. Es war bezeichnend, dass er Herrn Heckel um Rat fragte, was sonst undenkbar war. Als selbsternannter Chef der „Brücke" Gruppe traf er die wichtigen Entscheidungen allein." Zum Schluss seines Monologs sagte er noch: „Zella, Du solltest jetzt schöne Sommerferien erleben. Anschließend werden wir unsere Arbeit fortsetzen. Du wirst sehen, die Kunstwelt wird weitere Gemälde mit Dir verlangen. Das „Marzella"-Bild war nur ein Anfang."

„Aber dazu kam es doch nicht!", wirft Fränzi ein, die allmählich doch ziemlich angestrengt aussieht. Meine Geschichte ist auf die Dauer ziemlich emotional und aufwühlend für sie. Ich spüre das und hätte Fränzi gern an einem anderen Tag mehr erzählt. Aber die kranke Frau richtet sich noch einmal im Bett auf, so als wolle sie unbedingt zeigen, dass sie noch über genügend Kraft verfüge, um ihr weiter zuzuhören. Auch Gertrud, die sich schon lange nicht mehr geäußert hat, bittet mich, jetzt nicht aufzuhören: „Zella, es tut ihr so gut. Du siehst es doch. Mache einfach weiter."

Ich kann mich dieser fast flehentlichen Bitte nicht verschließen, will mich aber doch noch von Fränzis aktueller Verfassung überzeugen. Um sie zum Sprechen zu bringen, frage ich, wie denn die Wochen in Moritzburg verlaufen seien. „Sehr gut, Zella, wie im Jahr zuvor. Da kann ich Dir nichts Neues erzählen. Sprich Du lieber weiter. Deine Geschichte ist jetzt viel spannender. Erzähle mir doch jetzt endlich, warum Du nach den Sommerferien nicht zu uns zurückgekehrt bist." Ich atme tief durch und muss mich erst einmal sammeln, um in der Lage zu sein, das zu erzählen, was mein Leben bis heute beeinflusst.

„Im September 1910, direkt nach den Ferien, gab es dann tatsächlich die große Ausstellung der „Brücke" Künstler in der berühmten Galerie Arnold. Die Vorankündigungen waren überwältigend. Die Zeitungen berichteten über das Ereignis ausführlich, und so waren viele Experten und Kunstliebhaber gekommen, um die Bilder zu sehen. Meine Mutter ließ sich keine bedeutende Kunstausstellung entgehen. Sie beklagte sich häufig, dass sie die einzige in der Familie sei, die sich für Malerei interessiere. Bei Herrn Arnold war sie ein gern gesehener Stammgast, und so war sie selbstverständlich auch an diesem Eröffnungstag unter den Besuchern. Sie hatte schon einiges über die Dresdner Maler gelesen, insbesondere, dass sie sich selbst als avantgardistische Rebellen empfanden und mit ihren Bildern gegen den Zeitgeist kämpfen wollten. Deshalb war sie besonders gespannt auf die Werke. Was sie dann zu sehen bekam, hat sie allerdings schockiert. Sie konnte gar nicht die herrlichen kräftigen Farben genießen, vielmehr war sie entsetzt über den erotischen Unterton, der sich wie ein roter Faden durch fast alle Bilder zog. Einige Mädchenakte empfand sie als äußerst fragwürdig und anrüchig. Regelrecht empört aber war sie über sexuell aufgeladene Bilder, auf denen junge Mädchen zu sehen waren." Sie dachte: „Das gehört sich nicht. Das hat nichts mit künstlerischer Freiheit zu tun. Da wird die Unschuld junger Menschen schamlos ausgenutzt."

„Sehr schnell sah sie das „Marzella"-Gemälde, das der Galerist, wie es der Maler wünschte, zentral, neben dem Durchgang vom ersten zum zweiten Ausstellungsraum, aufgehängt hatte."„Auch ein weiblicher Akt eines Mädchens, aber nicht ganz so obszön wie andere Bilder.", empfand meine Mutter.

„Dann sah sie, dass dieses Gemälde „Marzella" heißt. Was für ein Zufall, dachte Mutter, dass Kirchner ausgerechnet diesen seltenen Namen ihrer Tochter gewählt hat. Mutter, die bisher in dieser Ausstellung zunehmend ungehaltener wurde, musste erstmals etwas schmunzeln. Marzella, genauso geschrieben wie ich, also nicht die italienische Schreibweise Marcella, mit „c". Warum bloß hat Kirchner das Gemälde so genannt? Sie fand auf Anhieb keine einleuchtende Erklärung. Die Künstler wählen ja gern Phantasienamen. Das wird wohl hier auch so sein, war sie fast sicher. Ihre kuriose Entdeckung wollte sie umgehend dem Galeristen mitteilen. Als Mutter Herrn Arnold von der zufälligen Namensgleichheit erzählte, sagte er: „Das ist wirklich kurios. Aber es handelt sich bei „Marzella" weder um eine Erfindung Kirchners noch um ein Pseudonym."

Weil dem Maler so sehr an diesem Werk gelegen war, das er für besonders gelungen hielt, und das deshalb im Mittelpunkt der Ausstellung stand, haben sich die beiden Männer auch über den Titel des Bildes unterhalten. Kirchner habe ihm erzählt, dass er in seinem Atelier ein Mädchen gemalt habe, das Marzella heißt.

„Ein ganz feines, sensibles Modell, das sich deutlich von den üblichen Musen aus den unteren Schichten der Gesellschaft unterscheidet.", so der Maler. „Etwas scheu und vielleicht gerade deshalb eine echte Perle, mit der Kirchner nach eigenen Worten noch einige weitere Werke plant. Sie gehe wohl auf eine höhere Töchterschule und will Lehrerin werden."

„Mutter erstarrte. Diese Beschreibungen trafen doch genau auf mich zu. Wirklich ein Zufall? Bei diesem seltenen Namen. Mutter wurde ganz schwindlig. Sollte Marzella etwa …? Nein, völlig ausgeschlossen, versuchte sie sich zu beruhigen. Ich doch nicht, dieses brave, schüchterne Mädchen. Niemals würde ich so etwas machen. Ich scheute mich doch sogar, zu Hause nackt herumzulaufen. Außerdem sieht die „Marzella" auf dem Gemälde ja auch ganz anders aus als ich. Ich bin nicht schwarzhaarig, sondern dunkelblond und schminke mich auch nicht. Also, das kann auf keinen Fall ich, ihre Marzella sein, war sich Mutter ziemlich sicher und wurde doch von einem inneren Zwiespalt gepackt, der sie beunruhigte. Konnte wirklich jeder Verdacht ausgeschlossen werden? Sie wusste ja, dass Maler ihre Modelle häufig nicht originalgetreu zeichnen sondern ihre Phantasie ausleben. Künstlerische Freiheit eben. Gerade bei modernen Werken sei das sehr verbreitet. Wenn man sich das Bild ganz genau betrachtete, konnte man dann nicht doch typische Wesenszüge meiner Körpersprache erkennen?, fragte sich meine besorgte Mutter. Diese schutzsuchende Haltung, der skeptische Blick. Kannte sie mich nicht genau so? Ihr fiel jetzt ein Familienfoto ein, auf dem ich eine ganz ähnliche Position einnehme, und meine Ausstrahlung sehr an Kirchners Gemälde erinnert. Auf dem Foto hatte ich auch eine Schleife im Haar, zwar eine andere, aber so eine weiße wie auf dem Bild hatte ich auch. Aber diese Schleifen trugen ja damals unendlich viele Mädchen, das ist überhaupt kein Beweis, versuchte sie abzuwiegeln. Mutter suchte nach entlastenden Indizien, aber ihr Blutdruck, mit dem sie oft Probleme hatte, stieg unaufhörlich. Das spürte sie. Die höhere Töchterschule und der Berufswunsch Lehrerin. Eher selten bei Mädchen, die sie kannte. Und da sollte dann ausgerechnet eine zweite Marzella aus dieser Gegend dabei sein? Ziemlich unwahrscheinlich. Mutter dachte jetzt auch daran, dass ich ja in den letzten Monaten nachmittags häufig nicht zu Hause war. Angeblich, um den Afrikanerinnen Deutschunterricht zu geben. Stimmte das wirklich, oder hatte ich heimlich etwas anderes gemacht? Ein schlimmer Verdacht, ausgerechnet mir, der Musterschülerin gegenüber.

Mutter war kaum noch in der Lage, einen klaren Gedanken zu fassen. Sie verließ die Galerie fluchtartig. Sie wollte nur noch auf schnellstem Weg nach Hause, um möglichst von mir sehr schnell zu erfahren, dass es sich bei der Namensgleichheit doch um einen seltsamen Zufall handelte. Hoffentlich. Mutter wurde immer unsicherer." Auf dem Heimweg bekam sie Panik. „Bitte nicht!", dachte sie, ehe sie mich zur Rede stellte. Vater und Bruder Willi waren auch dabei. „Stelle Dir vor, Fränzi, dann geschah das für alle Unfassbare. Gleich, nachdem ich mit den Vorwürfen konfrontiert wurde, brach ich Tränen überströmt in mich zusammen. Mit stockender Stimme, aber ohne auch nur den geringsten Versuch zu unternehmen, mich zu verteidigen oder etwas zu erklären, gestand ich meine Missetaten. Fassungslosigkeit war die erste Reaktion." Dann erlitt auch meine Mutter einen Weinkrampf und rief laut vor sich hin: „Nein, nein, das darf und kann nicht wahr sein!" Vater, äußerlich etwas gefasster, stammelte nur: „Zella, oh Zella, was hast Du uns nur angetan?" „ Mein Bruder konnte oder wollte gar nichts sagen, vielleicht war er auch sprachlos, weil er mir, wie die Eltern, so etwas nicht zugetraut hatte. Es dauerte dann nicht mehr lange, bis sie mich lautstark beschimpften. Es prasselte auf mich ein." „Lügen, Lügen, nichts als Lügen. Womit haben wir das verdient? Wie konntest Du unser grenzenloses Vertrauen nur so missbrauchen? Haben wir Dir nicht eine wunderbare Kindheit und eine großartige Schulbildung ermöglicht? Und dann müssen wir erleben, dass sich unsere Tochter vor fremden Männern nackt auszieht und sich wie eine Prostituierte benimmt." Ich heulte noch lauter als zuvor. „Mein Gott, Zella, was haben sie bloß mit Dir gemacht?", ruft Fränzi dazwischen. „Mein Vater war jetzt der Wortführer. Er wurde immer lauter, seine Vorwürfe immer heftiger. Mutter schluchzte nur vor sich hin. Für sie war eine Welt zusammengebrochen. Willi tat ich sichtlich leid, aber mein Fehlverhalten war so gravierend, dass ihm nichts einfiel, um mir entscheidend zu helfen. Ich hielt die Hände schützend vor mein Gesicht, als könne ich so den verbalen Brüllattacken des Vaters besser ausweichen." Der konnte sich überhaupt nicht beruhigen. „Dein schamloses Verhalten ist eine Schande für unsere Familie. Ist Dir eigentlich klar, dass wir alle darunter leiden können? Du wirst als Nacktmodell von perversen Malern, die junge Mädchen verführen, niemals die Chance bekommen, Lehrerin zu werden. Du wirst nicht einmal Deinen Schulabschluss machen können. Man wird Dich rauswerfen. Willi wird man mit so einer Schwester nicht erlauben, Theologie zu studieren und Pfarrer zu werden. Auch Mama und ich können uns nirgendwo mehr blicken lassen. Als Beamter im Deutschen Reich, das auf Sitte und Anstand größten Wert legt, kann ich mir so einen Schandfleck nicht erlauben. Mama kann nicht mehr in die Kirche gehen. Alle werden mit dem Finger auf sie zeigen." „Mein Vater war in seiner Wut auf mich und der Furcht vor gesellschaftlicher Ächtung nicht zu bremsen." „Die Maler müsste man anzeigen.", sagte er zornig.

„Zum Glück hat er darauf verzichtet, denn dann wäre mein Fall ein wunderbares Thema für unsere skandalsüchtige Öffentlichkeit gewesen. Ich war verzweifelt und wäre am liebsten weggelaufen, irgendwohin, wo mich niemand findet. Illusorisch. Was hatte ich nur angerichtet? Ich bereute zutiefst und schämte mich gewaltig. Aber es war zu spät. Mir war klar, dass sich ein Mädchen meines Standes niemals auf ein solches Atelierabenteuer einlassen durfte. Auch wenn mein Vater völlig falsche Vorstellungen von meinem Verhältnis zu Herrn Kirchner hatte. Aber im Prinzip hatte er Recht. Die Familienehre und die Berufsaussichten der Kinder waren in Gefahr.

Ich war jetzt gedanklich endlich wieder völlig klar, zum ersten Mal seit vier Monaten. Ich wollte alles so schnell wie möglich wiedergutmachen." Das war schwer genug, denn jetzt sagte auch Mutter mit bösem Blick: „Weißt du eigentlich, dass Du Dich auch gegen Gott versündigt hast? Hast Du in der Kirche nicht gelernt, dass man keusch und züchtig lebt und seine Eltern nicht belügt?" „Mutter war jetzt nur noch traurig, dass weder ihre Erziehung noch die der Kirche dazu beigetragen haben, mich Tugendhaftigkeit zu lehren.

Nachdem Vater Willi aufforderte, mir katholischen Nachhilfeunterricht in Sachen Sittenkodex zu erteilen, und er die besonders schmerzliche Kontaktsperre zu Freunden, eine Art Stubenarrest verkündete, war allen klar, dass man an einer Schadensbegrenzung arbeiten musste. Ich erinnere mich genau: Es wurde ein Familienrat abgehalten und beschlossen, dass keiner etwas von meinen fatalen Ausflügen erfahren darf, weder jetzt noch in der Zukunft. Sie spekulierten darauf, dass mich niemand von sich aus mit dem Bild in Verbindung bringen würde, so brav und fromm wie ich überall auftrat. Hilfreich sei auch, dass ich auf dem Bild nicht zu erkennen war.

Man überlegte, von welchen Personen, die die Wahrheit kannten, eine Gefahr ausgehen konnte. Der Mutter fiel sofort der Galerist Arnold ein, der von seinem Gespräch mit Herrn Kirchner über das „Marzella"-Gemälde möglicherweise auch anderen Besuchern oder Kritikern der Ausstellung berichten könnte. Also wagte Mutter die Flucht nach vorne und ging mit mir in die Galerie."

 Als sie Herrn Arnold sah sagte sie: „Ach, Herr Arnold, als ich meiner Tochter erzählt habe, dass ein Künstler eines seiner Bilder „Marzella" genannt hat, also genau ihren Namen gewählt hat, wollte sie sich das Werk unbedingt ansehen." Herr Arnold freute sich über das Interesse und führte mich sofort zu dem Gemälde. „Schaue Dir das an, Marzella!", sagte die Mutter mit empörtem Unterton. „Dieses Mädchen hat sich doch tatsächlich nackt malen lassen. Na, wer weiß, aus welchen Kreisen es kommt. Da gibt es ja schlimme Vermutungen." Herr Arnold korrigierte: „Ich habe Ihnen doch gesagt, gnädige Frau, dass der Maler, es war Ernst Ludwig Kirchner, mir erzählt hat, dass dieses Mädchen, im Gegensatz zu fast allen anderen Modellen, sehr gebildet sei. Auf was für eine Schule gehst Du denn?", fragte er mich. „Auf das Freiherrlich von Burkesrodaer Fräuleinstift", antwortete ich. „Das ist doch eine Höhere Töchterschule.", meinte Herr Arnold zu wissen. „Ja, ganz genau." Ich nickte. „Siehst Du, auf so eine Schule soll die Marzella von Kirchner auch gehen. Witzig oder?" Mutter und ich fanden das überhaupt nicht komisch. Mutter versuchte schnell abzulenken und fragte mich: „Könntest Du Dir vorstellen, Dich so malen zu lassen?" „Niemals, Mama. Schon gar nicht nackt. Wie peinlich."

„Ich spielte meine Rolle ganz gut. Mutter ergänzte noch, dass die ganze Familie katholisch sei. Da käme so etwas schon aus moralischen Gründen überhaupt nicht in Frage." Wieder schaltete sich Herr Arnold ein: „Katholisch soll Kirchners Muse wohl auch sein." „Wirklich?", sagte Mutter, „Ist ja unglaublich. Also, dann kann diese junge Dame aber nicht mit kirchlichen Prinzipien aufgewachsen sein. Schauen Sie nur mal, wie geschminkt sie schon ist. Die ist doch sicherlich kaum älter als meine Marzella. Schamlos."

Mutter tat empört, was Herr Arnold überhaupt nicht verstand: „Ich weiß gar nicht, warum Sie das so unmoralisch finden. Ich erkenne in erster Linie ein großartiges Kunstwerk, das sich mit Sicherheit auch sehr gut verkaufen wird. Und übrigens: Zu so einem herrlichen Gemälde gehört auch ein schönes Modell. Wie das in Wirklichkeit aussieht, weiß nur Herr Kirchner. Vielleicht schminkt sie sich im täglichen Leben gar nicht. Möglicherweise wollte sie der Maler auch gern etwas lasziver wirken lassen. Sehen Sie, die „Brücke"-Maler haben ihren ganz eigenen Stil. Sie wollten mit ihren Moralvorstellungen natürlich auch provozieren."

„Mutter war nach dem Gespräch mit Herrn Arnold alles andere als erleichtert. Im Gegenteil! Der Galerist konnte doch gar nicht so naiv sein, bei der Fülle an Gemeinsamkeiten zwischen dem Kirchnermodell und mir an einen reinen Zufall zu denken. Auch wenn er mich nicht denunzieren würde, weil er offensichtlich sogar Kindermodelle für völlig normal hält, würde er sicherlich denen die vermeintlich lustige „Marzella"-Geschichte erzählen, die ihn auf das Bild ansprechen. Könnte da nicht jemand dabei sein, der Verdacht schöpft und die Angelegenheit auch für einen Skandal hält, der sich großartig ausschlachten lässt?", argwöhnte die Mutter.

„Wir Sprentzels lebten auf jeden Fall fortan mit einer permanenten Angst mit unabsehbaren Folgen für alle. Ich fürchtete mich zudem noch vor unbedachten Äußerungen anderer Personen, die von meinen Eskapaden wussten. Senta, Dodo, die Maler selbst und auch Du, Fränzi, kommen dafür in Frage." „Warum ich?", fragt Fränzi entsetzt. „Wem sollte ich denn etwas erzählen, das Dir schaden könnte?" „Nein, Fränzi, bitte verstehe mich nicht falsch, natürlich würdest Du es nie böse meinen. Aber hast Du nicht irgendwann mal jemandem erzählt, dass Du die Marzella auf Kirchners Gemälde persönlich kennst?" „Nein," antwortet Fränzi im Brustton der Überzeugung, „aber Du hast Recht, es hätte sein können, wenn man mich gefragt hätte. Das hat aber niemand getan. Ich hätte natürlich nichts von Deinen Befürchtungen gewusst und munter geplaudert, auch weil ich ja so stolz darauf bin, Dich zu kennen.", ergänzt Fränzi." „Siehst Du, genau das meine ich.", sage ich nachdenklich. „Je mehr Leute von meiner Jugendsünde wissen, umso gefährlicher ist es noch heute besonders für meinen Bruder und mich. Die Eltern hatten vor allem Angst davor, dass die Familienehre in den Dreck gezogen wird. Willi und ich mussten darüber hinaus seit 40 Jahren immer wieder befürchten, dass man uns beruflich einen Strick aus meiner Schamlosigkeit dreht. Eine Lehrerin und ein Pfarrer haben nicht nur Freunde."

Fränzi versucht mich zu verstehen, aber eigentlich findet sie mich schon ziemlich hysterisch. Ich erzähle noch, dass ich freiwillig zur Beichte ging, in der Hoffnung, durch ein schonungsloses Schuldbekenntnis meine unerträglichen Seelenkrämpfe etwas zu lindern. Es tat zwar ganz gut, mal ehrlich alles zu erläutern, aber auch der Beichtvater war keine große Stütze. Es fehlte einfach jemand, der ein wenig Verständnis für mich aufbrachte und mich tröstete. Willi konnte das auch nicht. Dazu war er viel zu kirchlich geprägt. Aber wo sollte es diese Person geben, da ich mich doch selbst so hasste, für mein frevelhaftes Verhalten und mich nur noch schämte. Vielleicht hätten ein Freund oder eine ganz enge Freundin mich ein wenig auffangen können. Aber derartige Vertrauenspersonen hatte ich weder 1910, zum Zeitpunkt meines Geständnisses noch später so richtig. Die von den Eltern verhängten Strafen verfestigten diesen Zustand.

„Ich fühlte mich sehr einsam, das gute Verhältnis zu den Eltern war lange Zeit irreparabel zerstört. Sie misstrauten mir pausenlos völlig grundlos. Es wurde erst besser, als ich eine erwachsene Lehrerin war und endlich auch wieder Respekt genoss. Aber nichts war wie früher. Die Enttäuschung über meine perfiden Entgleisungen, wie sie es nannten, wichen nie ganz aus ihren Köpfen. Einen Ladendiebstahl oder irgendein anderes Delikt hätten sie mir leichter verziehen als meine ungeheuerliche moralische Schandtat. Wir sind eben alle streng katholisch, deshalb brachte ich aus Sicht meiner Familie unser Sittengerüst zum Einsturz.

Ich war auch später noch davon überzeugt, dass ich einer teuflischen Versuchung erlegen war, und eine dämonische Kraft mich vier Monate lang in die falsche Richtung lenkte. Ich bin noch heute ziemlich sicher, dass ich eines Tages dafür büßen muss. Meine Eltern sind inzwischen tot, aber auch Gott hat mir meine Sünden nie vergeben. Deshalb, Fränzi, bin ich innerlich so aufgewühlt und fürchte mich vor der großen Strafe." „Wie schrecklich für Dich, Zella", sagt Fränzi traurig. „Aber glaube mir, Du siehst Gespenster. Keiner würde heute daran Anstoß nehmen, dass Du als junges Mädchen damals nackt gemalt worden bist, und dann auch noch ein eher dezentes Aktbild entstanden ist. So etwas war schon immer ein Thema für spießige Moralisten, aber inzwischen haben sich die Zeiten total verändert. Auch durch die Freikörperkultur haben die Menschen ein viel natürlicheres Verhältnis zu ihrem Körper bekommen."

„Aber nicht in unseren Kreisen, Fränzi", widerspreche ich heftig." „In der katholischen Kirche haben sich die Moralvorstellungen nie geändert. Jede noch so harmlose Entblößung gilt als Abkehr von der reinen Lehre, in der Fleischlichkeit keine Rolle zu spielen hat. Ich denke übrigens ähnlich konservativ und empfinde die Bibel als einzige echte Stütze in meinem Leben. Deshalb ist meine Schuld ja umso größer und unverzeihlicher."

„Du übertreibst maßlos, Zella. Du hattest bisher ein wunderbares Leben. Schaue mich an, ich bin todkrank und war schon unendlich traurig, dass die Maler ein Jahr, nachdem wir uns trafen, Dresden verließen. Mutter bekam kein Geld mehr, und mir war mein einziger Kindheitsspaß genommen. Ich geriet total auf die schiefe Bahn und ließ mich viel zu früh mit Jungen ein. Du weißt, dass Gertrud einen Tag nach meinem 17. Geburtstag geboren wurde." Fränzi blickte entschuldigend zu ihrer Tochter herüber, die milde lächelt, aber weiterhin kaum etwas sagt. „Ich liebe Trudi über alles", fügt Fränzi hinzu, „aber mein Leben war mit zwei unehelichen Kindern verpfuscht und von Armut geprägt. Jetzt werde ich mit nicht einmal 50 Jahren sterben. Zella, liebe Zella, versündige Dich nicht. Vielleicht fällt es Dir dann etwas leichter, mit Deinem angeblichen Ausrutscher umzugehen." Ich bin tief betroffen und peinlich berührt, dass ich Fränzi in ihrem schlimmen gesundheitlichen Zustand so lang und ausführlich mit meinen Problemen belästigt habe. Fränzi legt noch ein bisschen nach: „Schau, Zella, Dir hat Dein Gemälde nie ernsthaft geschadet. Du hast Deine Ausbildung ungehindert fortgesetzt und wurdest eine erfolgreiche Lehrerin. Sogar die Nazizeit und die Bombardierung Dresdens hast Du gesund überstanden. Deine Angst ist völlig imaginär, Du bildest Dir eine Bedrohung nur ein. Entschuldige bitte, aber Deine Familie hat Dir mit ihrer Verklemmtheit einen Verfolgungswahn eingeredet." Das sitzt. Ich schlucke. „Habe ich Dich jetzt verletzt, Zella? Bitte, verzeih mir, aber ich musste Dir das so schonungslos sagen." Fränzi ist unsicher, ob sie zu weit gegangen war. „Nein, Fränzi, ich danke Dir für Deine Offenheit. Es ist mir sehr unangenehm, meine seelischen Qualen ausgerechnet vor Dir ausgebreitet zu haben. Ich hätte viel mehr Rücksicht auf Dich nehmen müssen. Es tut mir so leid."

„Nichts muss Dir leid tun, Zella. Ich habe mich bei Deinen Erzählungen zunehmend gefestigter gefühlt", sagt Fränzi, „so, als hättest Du mich an eine Kraftmaschine angeschlossen. Ich konnte Dir sehr gut folgen, genau deshalb bin ich auch so sicher, dass Deine Ängste absurd sind. Du solltest lieber Dein wunderbares Leben genießen."

Fränzi ist erleichtert, dass sie in der Lage ist, das so deutlich zu formulieren. Ich will ihr dann doch noch meine Seelenqual erklären, damit sie mich
nicht für total durchgeknallt hält.

„Wenn ein Mensch meint, ernsthafte Probleme zu haben, die ihn jahrzehntelang verfolgen und diese auch nicht lösen kann, dann ist es auch
nicht tröstlich, wenn es einer anderen Person objektiv noch viel schlechter
geht. Selbst wenn es sich um eine gute Freundin handelt. Dein Körper ist
krank, aber meine Seele ist immer mehr dabei, meinen Körper zu zerstören. Beides ist furchtbar und nicht vergleichbar. Jeder Mensch ist vor allem mit seinen eigenen Problemen beschäftigt. Wir sind alle kleine Egois-
ten."

„Das ist doch ein gutes vorläufiges Schlusswort.", schaltet sich Gertrud
jetzt nach längerer Zeit in die Diskussion der beiden Frauen ein. „Wir sollten jetzt Mama zur Ruhe kommen lassen. Du hast großartig durchgehalten. Wenn ich allein zu Dir komme, bist Du immer schon so schnell erschöpft, aber heute warst Du richtig fit, als hätte man Dir Aufputschmittel
verabreicht." „Ja, Trudi, so ist es, wenn man eine Jugendfreundin nach
langen Jahren wiedertrifft. Das ist spannender als unser Alltagskram",
meint Fränzi schmunzelnd. Dann nehme ich die Freundin noch einmal
ganz fest in die Arme. Wir wollen uns eigentlich gar nicht mehr loslassen.
„Ich habe jetzt nur meinen Quatsch erzählt. Beim nächsten Mal musst Du
mir unbedingt mehr von Dir erzählen." „Ach, Zella, lieber nicht, das würde
traurig werden", entgegnet Fränzi. „Wenn Du wiederkommst, sollten wir
viel mehr lachen, indem wir uns an unser lustiges Treiben im Atelier erinnern. Vielleicht hilft Dir das ja auch, Zella, mit Deinen Problemen fertig zu
werden." Ich lächle gequält, will aber dieser Erwartung auf keinen Fall
widersprechen, weil es wirklich für Fränzi die beste Therapie wäre, für
mich jedoch eine schmerzhafte Höllenqual.

Auf der Rückfahrt nach Räckelwitz dankt Gertrud mir noch einmal für die
schönen Stunden, die ich Fränzi bereitet habe. „Unglaublich, was Ihr damals bei den Malern erlebt habt." Für sie war natürlich vieles neu. Sie

hatte sich zwar häufig mit ihrer Mutter über die „Brücke" Zeit unterhalten, aber das war dann immer so heiter und beschwingt, wie es Fränzi erlebt hat. Das, was ich als Drama empfinde, hat Gertrud tief bewegt und sehr nachdenklich gestimmt. Als aufmerksame Zuhörerin im Krankenzimmer hatte sie genügend Zeit, über meine Befindlichkeit nachzudenken. Sie hatte meine Ängste in so massiver Form nicht für möglich gehalten.

„Ich glaube, Zella, dass man Dir Deinen Schuldkomplex eingeredet hat. Du selbst hast so schöne Stunden im Atelier erlebt, und bist dadurch aus der stickigen, klerikalen Enge Deiner Wohnung befreit worden."

„Nein, Trudi, das stimmt nicht. Ich habe gegen Gottes Gebote verstoßen, das ist unentschuldbar", protestiere ich prompt.

„Die göttlichen Gebote, Trudi, sind bedeutender für fromme Katholiken wie mich als weltliche Gesetze."

„Das erkläre mal Deinen Schülern, dass das bürgerliche Gesetzbuch nichts wert ist, und sie die Regeln der himmlischen Mächte befolgen sollen", entgegnet Gertrud empört.

„Natürlich gelten die göttlichen Gebote nicht in allen Alltagssituationen. Es ist doch klar, dass ein Gesetzgeber Recht und Ordnung auf dieser komplizierten Erde schaffen muss", versuche ich mich zu verteidigen, „aber es gibt grundsätzliche moralische Probleme, die wir Katholiken nur in Zwiesprache mit Gott lösen können."

„Zella, mache Dir doch nichts vor. Bei Deiner Zwiesprache mit Gott ist doch eine wichtige Instanz dazwischen geschaltet, das sind die Geistlichen, die bestimmen, was richtig und falsch ist."

„Ja, natürlich", bestätige ich, „der Papst ist der Stellvertreter Gottes auf Erden. Er kennt Gottes Willen und sorgt über seine Kardinäle und Bischöfe dafür, dass die Pfarrer in den Gemeinden überall auf der Welt den Gläubigen diese Botschaft vermitteln. Mein Bruder hat als Propst der Hofkirche dabei natürlich eine besondere Verantwortung. Wegen seiner großen

Verdienste wird er demnächst zum päpstlichen Hausprälaten ernannt. Eine große Ehre, die er wirklich verdient hat. Für mich persönlich ist er ohnehin fast so bedeutend wie der Papst. Eigentlich unfehlbar."

„Aber Zella, kein Mensch kann unfehlbar sein. Dein Bruder erst recht nicht", meint Gertrud.

„Doch, Trudi, unser Glaube macht uns stark. Ohne Willi hätte ich total die Orientierung und den Halt verloren." Gertrud lässt nicht locker, mit ihren kritischen Anmerkungen. „Nichts gegen Deinen Bruder. Aber die kirchlichen Würdenträger sind keine Heiligen, sie sind Menschen wie Du und ich, mit allen Schwächen. Erzähle mir bitte nicht, dass Du noch nie etwas von der doppelten Moral der Pfarrer gehört hast. Sie predigen oft das Gegenteil von dem, was sie in Wirklichkeit tun. Glaube mir, Zella, der Missbrauch in der Kirche ist viel weiter verbreiteter als bei den Malern."

„Wie kannst Du das behaupten? Das darfst Du nicht sagen, Trudi, bitte sprich so nicht weiter."

„Doch, doch, ich bitte Dich jetzt, auch mir einmal ernsthaft zuzuhören. Wir haben täglich an der Schule mit Kindern zu tun. Gerade Du als erfahrene Lehrerin weißt doch genau, dass es unzählige Fälle gibt, bei denen junge Menschen in kirchlichen Institutionen körperlich missbraucht worden sind. Gerade auch von den Priestern, die Du so anbetest. Davon hast Du mit Sicherheit schon oft gehört oder es in der Zeitung gelesen."

Ich murmle nur: „Unverzeihliche Ausrutscher, die sofort geahndet wurden." Gertrud wurde jetzt richtig wütend: „Und diese Moralapostel wollen über Dich richten, die Du nichts, aber auch gar nichts Verwerfliches getan hast. Auch Dein Bruder prangert Dich völlig grundlos an und macht sich dadurch mitschuldig an Deinem seelischen Leid und Deinen Ängsten. Er ist sicherlich generell für Dich eine große Stütze und wohl auch die wichtigste Bezugsperson, aber im Fall Kirchner erweist er sich nicht als liebender Bruder sondern als unversöhnlicher Prediger einer weltfremden katholischen Sittenlehre."

Das saß. Das hätte ich von meiner Freundin nicht erwartet. Ich empfinde Gertruds Äußerungen als Beleidigung meines Bruders und bin so schockiert, dass ich die Attacken nicht einmal kontern kann. Zum Glück sind wir inzwischen wieder in Räckelwitz angekommen. Ich verlasse den Bus so schnell ich kann. Ich bin so gekränkt, dass ich mich nicht einmal umschaue, um mich von Gertrud ordentlich zu verabschieden. Ein denkwürdiger Tag endet mit einem Eklat, der mich tagelang belastet und elementare Fragen aufwirft. Habe ich mich in Gertruds Charakter so sehr getäuscht? Wie kann sie es wagen, die Kirche so sehr in den Dreck zu ziehen und sogar meinen Bruder, den sie gar nicht kennt, zu beleidigen? Ich bebe vor Zorn. Hat Gertrud nicht gesagt, dass sie christliche Werte schätzt, auch wenn sie keiner Konfession angehört? Wie kann sie sich dann so gottlos äußern?

Es gelingt mir nur mühsam, meine Empörung zu bändigen. Als ich aber in der Lage bin, wieder etwas klarer zu denken, wundere ich mich schon, dass ich so verletzlich bin und mit Gertrud nicht einmal eine sachliche kontroverse Diskussion über meine Probleme führen kann. Es muss an meinem labilen Nervenkostüm liegen. Ich versuche mich mit Gertruds Argumenten wenigstens ansatzweise auseinanderzusetzen. Aber wie kann sie nur glauben, Willi bereite mir Probleme. Das habe ich mir doch alles selbst eingebrockt. Es ist doch nicht nur die Kirche, die mich an den Pranger stellen würde, wenn sie von meiner Schamlosigkeit erführe, sondern vor allem der größte Teil der Gesellschaft würde mich entehren. Scheinheilige Familienväter und -mütter, die ihre Partner betrügen und ihre Kinder schlagen, gehören genauso dazu, wie Menschen, die für ihren persönlichen Vorteil vor keiner Gemeinheit zurückschrecken. Es mag ja wirklich auch in der Kirche schwarze Schafe geben, aber Willi gehört mit Sicherheit nicht dazu. Er hat doch nur den Finger in die Wunde gelegt, um mich zu schützen. Natürlich denkt er dabei auch an seinen Ruf, aber das ist doch völlig normal. Er kann doch nicht aus Liebe zu mir meine Nacktbilder verharmlosen. Das kann ich nicht verlangen. Dann würde er doch die Pflichten verletzen, die mit seinem hohen Amt verbunden sind.

Ich grüble nächtelang. Es besteht für mich gar kein Zweifel daran, dass ich vor 40 Jahren einen schlimmen, irreparablen Fehler gemacht habe. Unverzeihlich. Die gerechte Strafe besteht in lebenslanger Angst. Ich ahne aber auch immer mehr, dass Gertrud es eigentlich gut mit mir meint und mich von meinen Schuldgefühlen befreien möchte. Sie empfindet die katholische Morallehre unverständlicherweise als Heuchelei und glaubt offensichtlich, dass meine kranke Psyche erst geheilt werden kann, wenn ich das einsehe. Völlig absurd, aber es ist Gertruds ehrliche Meinung.

Drastische Äußerungen auch zu Willis Rolle sollen mich zum Umdenken bewegen. Das ist natürlich völlig ausgeschlossen. Ich bin viel zu tief verwurzelt in der Kirche und zu eng mit meinem Bruder verbunden. Das gibt meinem Leben neben der Schule einen Sinn. Willi ist völlig unantastbar. Trotzdem fühle ich mich von Gertruds Worten inzwischen aufgerüttelt. Ich werde nachdenklicher. Nach Fränzi ist es ausgerechnet ihre Tochter, die sich mit meinen Qualen auseinandersetzt und mich im Gegensatz zur Familie nicht mit Schimpf und Schande bedenkt, sondern mich sogar zu entlasten versucht. Rechtlich könnte man sogar von einem Freispruch sprechen, was aus meiner Sicht völlig abwegig ist, aber Gertruds Zuspruch ist sicherlich als Schocktherapie gedacht. Ich werde zunehmend in der festen Überzeugung gestärkt, dass man so eine Freundschaft pflegen muss, anstatt sie durch einen Streit über unterschiedliche Ausfassungen dauerhaft zu beschädigen. Ich bin immer sicherer, dass Gertrud eine echte Freundin ist.

Auch sie hat längst das dringende Bedürfnis, sich so schnell wie möglich wieder mit mir zu versöhnen. Eigentlich kommt sie zu mir, um sich zu entschuldigen, aber ehe sie ein Wort herausbringt, nehme ich sie sofort schweigend in die Arme und drücke sie ganz fest. „Es tut mir so leid, Zella," sagt Gertrud nach einer gefühlten Ewigkeit. Statt einer Antwort umarme ich sie noch inniger. Das sagt mehr über meine Zuneigung zu Gertrud aus als Worte. Wir sprechen nicht mehr über die Kontroverse auf der Busfahrt von Dresden nach Räckelwitz. Stattdessen kramt Gertrud in ihrer

Tasche und holt eine Seite aus der „Sächsischen Zeitung" heraus, um sie mir zu überreichen. Die fettgedruckte Überschrift eines Artikels sticht mir sofort ins Auge: „Dresdner Meisterwerk in Stockholm", steht dort. Ich bin total verblüfft und lese dann, dass ein Stockholmer Museum Ernst Ludwig Kirchners Gemälde „Marzella" erworben hat. Es heißt dort, dass dieses Bild, das als Meisterwerk der „Brücke" Kunst gilt, 1910 in Dresden entstanden ist. Am Ende des Artikels ist das Gemälde auch noch zu sehen. Ich bin sprachlos. Ich betrachte das Bild lange so intensiv, als wollte ich bisher verborgene Dinge erkennen. Gertrud kann meinen Gemütszustand nicht genau deuten. War ich wie sonst üblich peinlich berührt oder vielleicht doch auch ein bisschen stolz? Da ich nicht darüber sprechen kann, versucht sich Gertrud so feinfühlig wie möglich zu verhalten, um mich auf keinen Fall wieder emotional zu belasten. Sie fragt lediglich: „Hast Du das Originalbild später eigentlich einmal gesehen?"

„Nur 1910, nach der Fertigstellung im Atelier, dann eben in der Galerie Arnold und später als entartete Kunst in der Nazizeit. Ich hatte ja auch kein Interesse daran, das Gemälde aufzuspüren, weil ich alles eher ungeschehen machen wollte und ständig versuchte, meinen jugendlichen Lapsus zu verdrängen. Geholfen hat mir das Wegducken freilich nicht.

„Hast Du Dich denn nie mehr für die Werke der „Brücke" Maler interessiert? Wenigstens vielleicht für Bilder von Kirchner?", will Gertrud wissen. Ich werde wieder verlegen und versuche, zunächst einer Antwort auszuweichen. Dann gebe ich mir aber einen Ruck und sage: „Jetzt erzähle ich dir erneut etwas, worüber ich bisher noch mit keinem Menschen gesprochen habe." Dann erzähle ich von der Zeit, als sich zu Hause nach vielen Jahren der Unruhe alle ein wenig beruhigt hatten, und man mich nicht mehr ständig mit Vorwürfen überhäufte, sondern das Atelierthema tabuisierte. Jetzt wurde ich etwas mutiger, und interessierte mich als erwachsene Frau schon für das, was die Maler gemacht haben. Gerade in Dresden gab es vor 1933 viele Ausstellungen mit ihren Werken. Da bin ich einige Male klammheimlich hingegangen, mit einer Mischung aus Schuldgefühlen und Neugierde. Auf vielen der ausgestellten Zeichnungen, die keinen Titel hatten, habe ich mich erkannt. Bei den meisten Bildern konnte ich mich auch 10 bis 20 Jahre später immer noch genau an die Umstände der Entstehung im Atelier erinnern. Mir wurde klar, wie tief Herr Kirchner bei seiner Malerei in mich hinein blickte. Es waren Röntgenaufnahmen meiner Seele. Mal ängstliche Verschlossenheit, dann aber auch wieder fröhliche Momente und schließlich eben auch Aktbilder, bei denen ich mich heute noch wundere, wie freizügig ich da zuweilen zu sehen bin. Manchmal richtig hemmungslos. Ein Glück, dass keine Zeichnung meinen Namen trägt, weil ja nur das Gemälde „Marzella" heisst. Noch heute atme ich auf. Als wäre meine Enttarnung sonst unausweichlich gewesen. „Und dann, Trudi, gab es ganz peinliche Augenblicke, in denen ich doch tatsächlich so etwas wie Freude gerade beim Anblick meiner Bilder spürte. Zum Glück gelang es mir stets sehr schnell dagegen anzukämpfen und nicht etwa eine emotionale Nähe zu dem Schmuddelkram zu entwickeln.

Fassungslos war ich, dass ich sogar beim Besuch dieser Ausstellungen Angst vor der Entdeckung meiner Torheiten in der Berliner Straße gehabt habe, obwohl mein Gemälde gar nicht dabei war. Das ging so weit, dass ich erschrak, wenn ich im Museum eine Person traf, die ich kannte. Als ob ich ertappt worden bin. Schlimmer geht es doch nun wirklich oder?", frage ich Gertrud, die das nicht kommentieren will, sondern einfach weiter ruhig zuhört. „Die Panikattacken blieben mein Wegbegleiter."

Es tut Gertrud sichtlich leid, dass ich so lange nach der Kirchner Episode einfach nicht zur Ruhe komme. Ich bin innerlich völlig zerrüttet. Mir würde wahrscheinlich nur eine Therapie helfen. Gertrud versucht es jedenfalls nicht noch einmal, die wahren Gründe meiner Psychose zu erklären. Sie hält mich, als eigentlich gestandene kluge Frau, bei diesem so wichtigen Thema wahrscheinlich für unbelehrbar und irrational gefangen. Wohl auch aus Angst, man könne mein katholisches Leitbild zerstören und den Bruder vom hohen Priestersockel stürzen.

„Gab es denn irgendwelche Begebenheiten, die Du wirklich als kritisch für Dich empfunden hast?", fragt Gertrud.

„Auf jeden Fall Situationen, die mich jedes Mal stark belasteten und immer wieder grübeln ließen." Ich erzähle, dass ich gerade eine fertige Lehrerin mit einer festen Stelle an einer Dresdner Volksschule war. Es muss Anfang der 20er Jahre gewesen sein, als ich von einem eigentlich sehr netten Kollegen angesprochen wurde. Ob ich denn wisse, dass es ein berühmtes Gemälde von Ernst Ludwig Kirchner gäbe, das genau meinen Vornamen Marzella trage. Ich tat unwissend. „Ist das nicht putzig?", fuhr er fort, „also so ein seltener Name. Und dann das. Ich kenne jedenfalls weit und breit niemanden, der so heißt." Dann ging es erst richtig los: „Also, Fräulein Sprentzel, ich stelle mir gerade vor, Sie wären das, also Sie hätten Kirchner als Modell für einen Akt zur Verfügung gestanden." Jetzt bekam er einen richtigen Lachkrampf, während ich spürte, wie das Blut in meinen Kopf schoss, und ich trotz meiner bald 30 Jahre ein bisschen errötete. „Also", fügte er dann hinzu, „welche kuriose Vorstellung. Fräulein Sprentzel lässt sich nackt malen. Also, wenn ich das so sagen darf", schob er dann so galant wie möglich nach, „hübsch genug waren Sie ja auch sicherlich als junges Mädchen, aber wohl ein bisschen zu fromm." „Er kicherte wieder laut, als hätte er einen tollen Witz gemacht. Erst als er meine Betroffenheit spürte, schwenkte er schnell um und entschuldigte sich für seine blühende Phantasie. Normalerweise hätte ich ihn fragen müssen, was ihm einfiele, derartige Gedanken gegenüber einer Kollegin überhaupt auszusprechen, und mich in seinem zotigen Hirn mit jungen Frauen in Verbindung zu bringen, die sich vor Künstlern ausziehen. Aber wieder einmal fühlte ich mich ertappt, welch ein Irrsinn. Ich lächelte seine eigentlich beleidigenden Äußerungen weg, als handle es sich tatsächlich um einen billigen Scherz. Eigentlich war es das ja auch. Aber ich war eben nicht deshalb betroffen, sondern weil ich schon wieder Gespenster sah."

Gertrud findet die Geschichte zwar auch eher amüsant, aber sie hütet sich davor, sich das anmerken zu lassen. „Schon ziemlich kess, Dich so anzumachen", sagt sie so ernst wie möglich.

„Ich weiß, Du findest das bestimmt lächerlich, aber Du ahnst gar nicht, wie zerbrechlich ich seit 1910 bin, also inzwischen seit 40 Jahren", versuche ich mich zu rechtfertigen.

„Doch, doch, Zella. Ich spüre ja, dass Du stets den Eindruck hast, gleich würde die Falle zuschnappen. Doch die gibt es in Wirklichkeit gar nicht."

„Für mich schon, Trudi." Ich spreche ziemlich kurzatmig über eine dramatische Geschichte, die mir auch in dieser Zeit, mehr als 10 Jahre nach Entstehung meines Bildes, passiert ist. Eines Tages stand ein Mann an meiner Wohnungstür. Er stellte sich als Feuilletonchef der „Sächsischen Zeitung" vor und sagte mit dem Brustton der Überzeugung: „Ich bin sicher, dass Sie die Marzella auf Kirchners Gemälde von 1910 sind." Als er meinen ungläubigen Blick sah, holte er ein Foto des Bildes aus seiner Tasche und fragte: „Erinnern Sie sich?"

„ Ich hatte Mühe, die Fassung zu bewahren und sah meine einzige Chance darin, die vermeintliche Verwechslung ins Lächerliche zu ziehen. Das fiel mir nicht leicht. Sicherlich wirkte ich ziemlich verkrampft, als ich dem Journalisten sagte: „So ein Blödsinn! Wie kommen Sie denn darauf?"

„Sie brauchen nicht so zu erschrecken. Vielleicht ist es Ihnen nachträglich peinlich, aber Ihr Bild ist ein weltweit gefeiertes Meisterwerk. Nicht zuletzt durch Sie", legte der Zeitungsmann freundlich nach.

„Ich musste jetzt alles tun, um diese Spekulation zu entkräften. Um Zeit zu gewinnen, bat ich den Journalisten in meine Wohnung. Eigentlich hätte ich ihn sofort empört rausschmeißen müssen, um deutlich zu machen, dass seine Vermutung völlig abwegig war. Aber meine Unsicherheit ließ das nicht zu. Ich wollte den Verdacht partout entkräften. „Wir hat Ihnen denn so einen Quatsch erzählt?", fragte ich den Besucher. „Keiner", antwortete er mit fester Stimme. „Es war meine eigene Recherche bei Standesämtern und Taufregistern in Dresden. Es gibt in dieser Gegend nur eine Marzella. Nämlich Sie, Marzella Sprentzel."

„Wahrscheinlich gibt es woanders noch viele Marzellas", warf ich ein und versuchte, ganz entspannt zu wirken, obwohl mein Herz bis zum Hals schlug, und es in mir brodelte. Ich war nicht sicher, dass ich das durchstehen würde. Der Journalist ließ nicht locker. „Nein, nein!", sagte er, „die Kinder- und Jugendmodelle um 1910 kamen alle aus dem Dresdner Umfeld der Künstlerateliers in der Berliner Straße. Sie wohnten damals mit ihren Eltern in der Gambrinusstraße 1, nur wenige Minuten Fußweg von den Malern entfernt."

Er hatte wirklich gut recherchiert, aber ich wehrte mich mit dem Mut der Verzweiflung.

„Trotzdem kann ich Ihnen nur versichern, dass Sie auf dem Holzweg sind. Wissen Sie eigentlich, aus welchem Elternhaus ich komme, und was ich um 1910 schulisch leisten musste?"

Ich hoffte, gute Argumente für mich zu haben. Doch so schnell gab der Reporter nicht auf.

„Ja, ja, Sie sind streng katholisch erzogen worden, und Ihr Bruder wurde Pfarrer", wusste er natürlich. Ich wuchs über mich hinaus und konterte: „Mein lieber Herr, ich bin Lehrerin. Um das zu werden, was ich jetzt bin, musste ich gerade um 1910 auf einer höheren Töchterschule hart arbeiten, um mich für meine Lehramtsausbildung zu qualifizieren. Und Sie glauben, so ein Mädchen bekommt die Erlaubnis ihrer Eltern, sich bei Malern herumzutreiben und noch dazu, wie man auf Ihrem Foto sieht, sich nackt malen zu lassen. Also, ich bitte Sie, ich verstehe zwar nichts von Kunst, weiß aber immerhin, dass Malermodelle eher arme Mädchen und Frauen sind, die sogar von ihren Eltern an Künstler vermietet werden, um das Budget der Familien aufzubessern. Und mit denen werfen Sie mich in einen Topf? Also, ich bin richtig entsetzt und beleidigt."

Ich war sehr zufrieden mit mir und fühlte mich in dieser fast ausweglosen Situation immer sicherer. Der Journalist wollte aber noch längst nicht aufgeben.

„Gemach, gemach, Fräulein Sprentzel! Das, was Sie gerade gesagt haben, ist ja der Ansatz für meine Story. Ich möchte nachweisen, dass eben auch Mädchen aus gebildeten bürgerlichen Kreisen Modelle wurden. Die eher leichten jungen Damen aus sozial schwachem Milieu interessieren mich nicht. Deren Motive sind ja bekannt, offensichtlich sogar Ihnen. Aber Ihre Geschichte im Zusammenhang mit dem tollen Kirchner Bild, das wäre der Knüller."

Ich blieb betont freundlich und bat ihn gelassen:

„Zeigen Sie mir doch bitte noch einmal das Foto. Schauen Sie mal! Das Mädchen auf dem Bild hat schwarze Haare. Ich war stets so dunkelblond wie heute, und geschminkt habe ich mich noch nie im Leben. Erkennen Sie irgendwelche Ähnlichkeiten mit mir?"

Er ließ sich nicht so schnell überzeugen.

„Kirchner ist ja als Expressionist bekannt dafür, dass er seine Musen verfremdet und nach seinen Vorstellungen zeichnet. Das hat mit der Realität oft nichts zu tun."

Das war ein gutes Stichwort für mich. Ich nahm den Gedanken auf und sagte spöttisch: „Sehen Sie, auch Sie haben sich von der Realität entfernt. Ich muss Sie leider enttäuschen. Aus Ihrer hübschen Story wird nichts, weil Sie die falsche Marzella gefunden haben. Es tut mir leid."

Ganz allmählich begann der Journalist zu resignieren. „Wie schade. Ich kann es gar nicht glauben. Es hätte alles so wunderbar gepasst. Sie waren 1910 wahrscheinlich genau in dem Alter wie Kirchners Marzella."

„Ja, ärgerlich für Sie, aber wissen Sie, vielleicht hat Kirchner ja auch einen Phantasienamen gewählt, oder seine Marzella ist ein Pseudonym."

Ich bewunderte mich für meine Schlagfertigkeit. Woher nahm ich bloß die Kraft, gegenüber diesem gut vorbereiteten Experten so glaubwürdig zu wirken oder zumindest eine Version anzubieten, die er nicht schlüssig widerlegen konnte?

„Es ist wirklich ein Jammer, Fräulein Sprentzel. Sie kennen ja unsere Zeitung", sagte er schließlich kleinlaut. „Wir sind nicht an reißerischen Skandalgeschichten interessiert. Die echte Marzella auf Kirchners Bild kennenzulernen, wäre für unsere kunstinteressierten Leser fantastisch. Das hätte alle interessiert, und Sie wären mit einem Schlag berühmt geworden", trauerte der Mann von der „Sächsischen Zeitung" noch einmal der entgangenen Story nach.

„Wie traurig, dass ich die kleine unbekannte Lehrerin bleiben muss", sage ich mit beißender Ironie.

Dem Journalisten war seine Riesenenttäuschung anzumerken.

„Also, ein bisschen Berufserfahrung habe ich ja inzwischen, und deshalb war ich bei Ihnen ganz sicher. Ich kann es nicht fassen. Vielen Dank, auf jeden Fall, dass Sie mir so viel Zeit geopfert haben."

Ich bin schweißnass, als ich Gertrud das erzählt habe und viel angespannter als bei dem Gespräch mit dem Journalisten, wo ich mich so erstaunlich im Griff hatte. Diesmal ist sogar Gertrud beeindruckt.

„Oh, das war aber wirklich knapp", kann sie die spannende Episode nur kommentieren. „Kompliment für Deine Cleverness", fügt sie noch hinzu. „Aber vielleicht hätte ein so positiver Zeitungsartikel über Dich und das Gemälde in Deiner Familie ein Umdenken bewirkt. Möglicherweise wäre man stolz auf Dich geworden, wenn die Fachwelt so begeistert reagiert."

Ich schüttle nur den Kopf. „Trudi, wo denkst Du hin! Das Gegenteil wäre der Fall gewesen. So eine Veröffentlichung wäre das Schlimmste gewesen, was mir und meiner Familie passieren konnte. Alle, aber auch alle hätten sich die Mäuler zerrissen. Ich wäre zum Gespött Dresdens geworden. Sie hätten die Ehre meiner Familie besudelt. Meine Eltern und mein Bruder hätten mich endgültig verstoßen, wenn ich gegenüber dem Journalisten die Nerven verloren und meinen Ausrutscher gestanden hätte. Außerdem, Trudi, ich glaube, Du hast immer noch nicht ganz begriffen, warum ich eine Aufdeckung meiner Schande so fürchte. Nicht nur, weil sie alle über mich herfallen würden, das wäre schlimm genug. Aber vor allem schäme ich mich selbst so furchtbar, den gelernten Weg der Tugend für einige Monate verlassen zu haben. Es bedurfte nicht der Vorwürfe von außen, um mich schuldig zu fühlen. Ich habe Gott in seinem Zorn auf mich verstanden. Ihm habe ich Wiedergutmachung geschworen."

„Hast Du das voll durchgehalten, Zella?", fragt Gertrud skeptisch. „Eigentlich schon. Ich war nie mehr im Atelier und habe mich nie mehr malen lassen. Aber ganz konsequent war ich nicht, sonst hätte ich auch keine Ausstellungen der „Brücke" Künstler besuchen dürfen", antworte ich selbstkritisch.

„Aber Zella, Dein Interesse an der Kunst hat doch nichts mit Deinen persönlichen Aktivitäten bei der Aktmalerei zu tun," protestiert Gertrud. „Doch, Trudi, in meiner Situation schon. Ich wollte ja total Abstand gewinnen von allem, was ich getan habe. In den Museen wurde ich viel zu häufig mit dem Geschehen von damals konfrontiert. Ich habe Dir ja erzählt, wie aufgewühlt ich mir die Bilder angesehen habe und dabei immer Beklemmungen hatte, wieder einen unverzeihlichen Fehler zu begehen. Dieses Verhalten war mit Sicherheit auch nicht im Sinne meiner Familie. Sie hätten von mir erwartet, dass ich mich überhaupt nicht mehr für diese Malerei interessiere. Weil ich das wusste, war mein Gewissen stets zusätzlich belastet. Ein Teufelskreis."

„Hast Du denn Kirchners Leben später verfolgt?", fragt Gertrud vorsichtig. „Auch das, Trudi. Je mehr Jahre seit meinen Besuchen bei ihm vergingen, umso häufiger habe ich mir Bildbände und vor allem Biografien angesehen."

„Dann bist Du ja eine richtige Kirchner Expertin", meint Gertrud grinsend. „Trudi, bitte spotte nicht. Das ist alles viel zu ernst und völlig gegen die Verabredung mit meinen Eltern."

„Also, Zella, ich habe ja mühsam verstanden, warum Du nicht als Modell identifiziert werden möchtest, aber so eine Vermutung geht einfach zu weit," meint Gertrud genervt. „Dann kennst Du meine Familie nicht. Die wäre bei jedem Expressionismus Buch sofort misstrauisch geworden und hätte mich zur Rede gestellt," entgegne ich mit schmerzverzerrtem Gesicht. „Vielleicht ist es doch ein Glück, dass ich aus armen Verhältnissen komme. Da hat man solche Probleme nicht," ist Gertrud sicher.

Ich verteidige sofort meine Eltern, die doch alles aus Liebe zu mir taten und mich lediglich vor Schaden bewahren wollten.

Dann erkläre ich der Freundin, dass ich Herrn Kirchner als Mensch nie ganz aus meinem Leben verdrängen konnte. Die Schwärmerei damals hatte tiefe Spuren hinterlassen. Vielleicht ganz besonders, weil ich als erwachsene Frau nie mehr für einen Mann so viel empfand wie als Mädchen in der Pubertät für Herrn Kirchner. Er ist ein herausragender Künstler gewesen. Zu diesem Ergebnis musste selbst ein Laie wie ich kommen. Die Bewunderung für seine Werke ist völlig berechtigt. Sie sind ein ästhetischer Genuss. Der positive Gesamteindruck wurde für mich allerdings dadurch geschmälert, dass einige Aktzeichnungen sehr anrüchig wirkten. Viel schlimmer als mein Gemälde, auf dem ich in eher harmloser Haltung posiere. Insbesondere fiel mir auf, dass die vielen Kinder, die ich dort getroffen habe, und die zum Teil noch jünger waren als ich, häufig besonders fragwürdig dargestellt wurden. Das war viel weniger kindgerecht als ich es damals wahrgenommen habe.

„Außerdem, Trudi, im Vertrauen, etliche Fränzi Bilder wirken geradezu penetrant erotisch," möchte ich Gertrud mitteilen. Die reagiert ganz gelassen. „Du kennst meine Meinung. Ich habe darüber mit Fränzi gesprochen und glaube ihr, dass alles nur Spiel war."

„Man kann aber schon den Eindruck gewinnen, es handle sich um ein voyeuristisches Spiel, bei dem den Kindern, in diesem Fall Fränzi, die Würde genommen wurde, ohne, dass sie es gemerkt haben," bekräftige ich meine Meinung. Gertrud schüttelt nur stumm den Kopf. Sie weiß, dass man mit mir bei diesem Thema über moralische Kriterien nicht diskutieren kann. Also schweigt sie und hört mir lieber weiter zu. Ich lege noch ein bisschen nach in meiner Skepsis gegenüber Herrn Kirchners Motiven: „Ich bin ziemlich sicher, Trudi, dass Herr Kirchner und seine Freunde die Unerfahrenheit und Unschuld der Kinder ausnutzten und Bilder schufen, die ihrer Vorstellung von Ursprünglichkeit am nächsten kamen. Sie nannten es die ungekünstelte Darstellung des Körpers. Hast Du die Zeichnungen noch in Erinnerung, Trudi? Viele Blätter zeigen die Kinder in aufreizenden Stellungen, etwa mit weit gespreizten Beinen oder nackt, auf einem ebenfalls entblößten Mann sitzend. Schon bei Erwachsenen würde man pornografische Bezüge herstellen, bei Kindern verbietet sich meiner Meinung nach so eine Malerei komplett. Streng genommen ist das strafbar. Aber die Maler versuchten derartige Argumente als scheinmoralisch zu entlarven, in ihrem Bestreben, alternative Umgangsformen zur klassischen religiösen Erziehung zu finden. Sehr fragwürdig. Einige Experten bezeichneten Herrn Kirchners Atelier als Tempel der Lust. Das klingt deutlich, oder?," frage ich Gertrud. Die war beeindruckt von meiner Sachkenntnis.

„Du scheinst Dich ja wirklich sehr intensiv mit Deinem alten Freund beschäftigt zu haben," sagt sie anerkennend, aber auch schmunzelnd. „Trotzdem gibt es auch sehr viele andere Sichtweisen auf Kirchners Werk. Deine Ansichten sind geprägt von Deinen katholischen Moralisten," gibt Gertrud immerhin noch zu bedenken.

„Mag sein, aber mir ist auch viel mehr daran gelegen, Dir zu schildern, wie schonungslos Leute Herrn Kirchner beurteilten, die ihn genau kannten. Da ist nämlich nicht der liebenswürdige Mensch zu erkennen, der mich so sensibel behandelte. Viele Kollegen, Galeristen und Kunstliebhaber haben ihn als schwierigen Menschen erlebt, leicht reizbar, voller Argwohn und rücksichtslos. Vielleicht haben seine offensichtlichen Charakterschwächen auch seine Arbeit beeinflusst. Einer meinte, dass er ein großer Künstler sei, aber ein ganz niederträchtiger Bursche. Vor allem sei er egoman gewesen und habe sich für den Größten seiner Zunft gehalten. Kein Wunder, dass er sich auch sehr schnell mit seinen „Brücke" Freunden überworfen hat, heißt es. Er äußerte sich später sehr drastisch über seine Kollegen Heckel und Pechstein und sprach ihnen ab, auf seinem Niveau gearbeitet zu haben. Erich Heckel nannte er den geilen Sachsen. In unserer gemeinsamen Zeit war Herr Heckel sein bester Kumpel. Herr Kirchner ließ wohl nur wenige Personen wirklich an sich heran und war stets misstrauisch. Er konnte charmant und witzig sein, wie mir gegenüber, war ausgesprochen intelligent und belesen, überwarf sich aber mit engen Freunden wegen Kleinigkeiten. Frauen und Sex bedeuteten ihm viel, etliche Modelle nahm er sich als Geliebte. Zu wahrer Liebe sei er aber nach Ansicht seiner Biografen nicht imstande gewesen. Eine Familie interessierte ihn nicht, materieller Besitz ebenfalls nicht. Er war einerseits innerlich zerrissen, andererseits prägte ihn angeblich ein völlig übersteigertes Sendungsbewusstsein. „Also, ich denke, das reicht für mich als Kirchnerlektion, Frau Kunsthistorikerin." Ich gehe nicht auf Gertruds flapsige Bemerkung ein, vielmehr hole ich noch einmal tief Luft, um dann zu versuchen, Fakten aus Kirchners Leben nach 1910 anzufügen, die verdeutlichen, warum er nie ein Menschenfreund werden konnte.

„Er wurde schon im Ersten Weltkrieg, also nur wenige Jahre nach unserer Zusammenarbeit, psychisch krank, was ihn nicht daran hinderte, mit außerordentlicher Intensität weiterzumalen. Er ließ sich in vielen Sanatorien behandeln, aber niemand konnte ihn wirklich heilen. In der guten Bergluft einer Alphütte hoch über Davos ging es ihm etwas besser.

Dann aber kam es zur Katastrophe für Kirchner und ein bisschen auch für mich." Ich muss wieder eine lange Pause machen, ehe ich leise und schleppend weitersprechen kann. „Die Nazis haben alles, was nicht ihrer Kunstauffassung entsprach, als entartet diffamiert. Auch die „Brücke"

Künstler gerieten besonders stark ins Visier der Nationalsozialisten. Mehr als 600 Werke von Ernst Ludwig Kirchner wurden 1937 aus Museen und öffentlichen Sammlungen entfernt."

Mein Gesicht ist schmerzverzerrt, während ich das erzähle. „Insbesondere über Herrn Kirchner sagten sie, er sei ein Meister der von Juden und hysterischen Schwätzern in den Himmel gerühmten Verfallskunst, die in Wirklichkeit völlig minderwertig sei. Nach einer zentralen Ausstellung in München, in der dargestellt werden sollte, wie die „gesunde Volksgemeinschaft" angeblich durch die sogenannte „entartete Kunst" geschädigt wird, gab es bei Wanderausstellungen Schulungen für leitende Lehrkräfte in vielen deutschen Städten, bei denen Bilder präsentiert wurden, die die Nazischergen besonders verwerflich fanden. Das gab es auch bei uns in Dresden. Man wollte uns bei einer Propagandaschau erklären, warum die deutsche Kunstlandschaft von der „entarteten Kunst" gesäubert werden müsse. Die teuflischen Argumente sollten wir an unsere Schüler weitergeben.

Auch der Schulleiter der katholischen Volksschule, an der ich in dieser Zeit tätig war, sollte daran teilnehmen. Ob geschickt gesteuert oder Zufall, er war auf jeden Fall einige Tage krank geschrieben und bat mich als stellvertretende Rektorin, den Termin wahrzunehmen. Eine Horrorvorstellung für mich. Ich war sicher, dass ich diese schreckliche Inszenierung emotional kaum bewältigen würde. Da ich zu dem Leiter der Schule, ebenfalls ein frommer Katholik, ein sehr gutes Verhältnis hatte und sogar privat Kontakt mit seiner Familie pflegte, bat ich ihn fast flehend, mich nicht dorthin zu schicken.

Er verstand mich wie so oft ohne viele Worte und versprach mir, bei der Gauleitung anzufragen, ob man vielleicht ganz auf uns verzichten könne, da wir im Augenblick große personelle Engpässe hätten. Es seien ja ohnehin nicht alle Schulen dort vertreten. Die Antwort kam prompt und fiel noch schroffer als erwartet aus.

Was er sich einbilde, eine Schulung, die der Führer persönlich angeordnet habe, mit derartiger Missachtung zu strafen, ließ der Gauleiter ausrichten. Aber das sei typisch für diese Pfaffenpenne, dass sie wieder einmal ein klares Bekenntnis zum Nationalsozialismus vermissen lasse. Ginge es nach ihm, wäre diese Schule mit ihren undeutschen klerikalen Strömungen längst geschlossen worden. Das werde er aber umgehend veranlassen, wenn nicht sofort eine Leitungskraft benannt wird, die dem Vortrag über die „entartete Kunst" beiwohnt. Eine Meldung nach Berlin über den unerhörten Vorgang werde er ohnehin machen. Kaum eine Schule in Dresden habe mehr Nachhilfeunterricht in Sachen „gesundes Volksempfinden" nötig als unsere reaktionäre Lehranstalt.

Ich war platt. Jetzt hatte ich wegen meiner panischen Angst, von der Vergangenheit eingeholt werden zu können, auch noch eine politische Lawine losgetreten. Es blieb mir wirklich nichts erspart. Ich war doch gerade vor wenigen Monaten auf Wunsch meines Rektors in die NS Frauenschaft eingetreten, um den Bestand der Schule zu retten, und nun dieser von mir verschuldete Eklat." Seufzend sage ich: „Auch das belastet mich noch heute stark."

Gertrud, die bisher gebannt zuhörte und mich bewusst nicht unterbrach, ist mit einer Einschätzung überfordert. Sie fragt mich vielmehr, wie ich die heikle Situation gemeistert habe. „Bist Du denn nun zu der Parteiversammlung geschickt worden?"

„Ja, klar. Der Schulleiter war ja krank, und so musste ich ihn vertreten. Aber nach den Drohungen des Gauleiters hätte ich mich auch freiwillig gemeldet, um den Schaden zu begrenzen. Meine Verantwortung der Schule gegenüber war in diesem Moment wichtiger als meine permanenten Ängste. Trotzdem schlotterten mir wieder die Knie. Ich betete zu Gott, der mir doch schon so viel verziehen hatte, dass wenigstens mein Kirchner Gemälde nicht bei den ausgestellten Bildern ist. So hatte ich plötzlich ein doppeltes Unbehagen. Beklemmungen wegen meiner aktuellen Torheit gegenüber dem NS-Regime und die Furcht vor dem unseligen Rendezvous mit meiner Kindheit.

Die Versammlung fand in einem Raum statt, der nichts mit einem Museum oder einer Galerie zu tun hatte. Es war eine alte Lagerhalle, ein fensterloser verstaubter Schuppen, in dem schon lange nicht mehr gearbeitet wurde. Der Raum war in einem erbärmlichen Zustand, es roch unangenehm. Das also war der Rahmen für eine makabere Veranstaltung, bei der ich zum Glück mein Bild nicht entdeckte. Ich verspürte im ersten Moment Erleichterung, aber dann tiefes Entsetzen über die Lieblosigkeit, mit der die Bilder an den vermoderten Wänden aufgehängt waren. Alles war völlig ungeordnet, über- und nebeneinander platziert. Das ganze Ambiente schien genauso geplant zu sein. Man wollte dadurch offenbar den Eindruck verstärken, dass es sich bei den Exponaten um Schund handle, der in eine Abrisshalle und nicht ins Museum gehöre.

Mir fiel auf, dass vorwiegend Werke von Kirchner, Heckel und Pechstein hier in Dresden, an ihrem Entstehungsort, angeprangert werden sollten.

Fast 100 Kollegen waren gekommen, viele mit dem Parteiabzeichen am Revers. Ich setzte mich in eine der hinteren Reihen und versuchte, mir die Bilder genauer anzusehen. Kinderzeichnungen von Fränzi waren zahlreich vertreten."

Jetzt ist Gertrud hellwach: „Welche?", fragt sie gespannt. „Ich kann Dir keine Titel der Bilder nennen", antworte ich, „aber es waren einige dabei, die ich ja auch Dir gegenüber als eine Art Kindesmissbrauch bezeichnet habe."

Gertrud will nicht noch einmal darüber diskutieren und lässt Marzella lieber weiter in ihren Erinnerungen kramen.

„Ein Mann in brauner NS-Uniform stellte sich als Vertreter des Gauleiters Dresden vor. Er sei dafür zuständig, Museen und Galerien von „entarteter

Kunst" zu säubern. Der Mann kam mir bekannt vor, ich konnte ihn allerdings zunächst nicht konkret zuordnen. „

Dann erzähle ich Gertrud, dass er sich mit Vehemenz Fränzis Bilder vornahm und die Zuhörer fragte: „Wie kann sich ein deutsches Mädchen so malen lassen? Was sind das für Eltern?" Die Hauptschuld treffe allerdings die perversen Maler, mit ihren pädophilen Neigungen. „Ist es nicht widerlich, die Geschlechtsteile eines jungen Mädchens so aufreizend zu malen", polterte er stark lispelnd los.

„ Plötzlich erkannte ich den Mann an seinem Sprachfehler. Natürlich, er war vor der Machtergreifung der Nazis in Willis Gemeinde als Messdiener engagiert. Ein Katholik also. Mein Bruder war damals noch Pfarrer einer kleinen Kirche in Dresden. Ich erinnere mich deshalb auch so gut an ihn, weil der Mann, im Gegensatz zu anderen Messdienern, kein Schulkind mehr war, sondern schon ein junger Erwachsener.

Nach 1933 habe ich ihn nicht mehr in der Kirche gesehen. Jetzt k. Wie viele andere G laubensbrüder ist er zu den Rattenfängern übergelaufen. Ich weiß auch noch, dass er häufig bei Gottesdiensten Kontakt mit meinem Bruder hatte. Logisch als Messdiener. Keine angenehme Vorstellung für mich, denn das konnte ja bedeuten, dass er sich an den Namen Sprentzel erinnerte, als er die Teilnehmerliste dieser Veranstaltung sah und dann bei meinem Vornamen Marzella hellhörig wird.

„Wieder so eine Deiner Zwangsvorstellungen," spottet Gertrud. „Schon möglich," erwidere ich leicht genervt , „aber so zerfetzt war nun mal mein Nervensystem.

Immerhin schien mein Bild ja bei der schlimmen Schulung nicht dabei zu sein, versuchte ich mich ein wenig zu beruhigen.

Der NS-Funktionär ging jetzt konkret auf Ernst Ludwig Kirchner ein und polemisierte gegen ihn als geisteskranken Nichtskönner mit einer schmutzigen Phantasie und einer seelischen Verwesung. Was er malte, seien alles abstrakte, fratzenhafte Darstellungen, die nur Abscheu und Beklemmung erregen können und deshalb eliminiert werden müssen. Charakterisierungen, die bei mir Herzstiche verursachten."

Auch Gertrud war wegen der rüden Wortwahl entsetzt: „Was für Barbaren ‚" konnte sie nur kopfschüttelnd anmerken.

„Das Schlimmste kommt ja erst noch", sage ich mit bebender Stimme. „Plötzlich griff das Braunhemd in eine Kiste und holte ein großes Bild hervor. Ich traute meinen Augen nicht, denn, was der Nazi da präsentierte, war nichts anderes als mein Gemälde. Offensichtlich das Original. Eine gespenstige und sehr bedrohliche Situation. So habe ich das jedenfalls damals empfunden."

„Schauen Sie sich mal dieses Machwerk hier an", begann er seinen abfälligen Vortrag. „Dann wird ihnen klar, in welchen Kreisen sich die Maler bedienten, und wer sich ihnen so willig auslieferte." Der Mann genoss sein vernichtendes Urteil. „Dieses Mädchen ist doch höchstens 13 bis 15 Jahre alt. Eindeutig eine Zigeunerin. Schauen Sie auf die angemalten Lippen und Fingernägel. Dazu die gefärbten Haare. So lief doch kein deutsches Mädchen herum, schon gar nicht um 1910, als dieses Bild entstand. Im Kaiserreich, in dem noch Zucht und Ordnung herrschten, im Gegensatz zu der chaotischen Zeit danach, mit ihren jüdisch-bolschewistischen Verfallserscheinungen. Das Mädchen auf dem Bild heißt Marzella. Das klingt ja auch nicht gerate deutsch, eher fremdländisch. Sicherlich war sie bettelarm und wurde von den Eltern an die perversen Maler verhökert. Für die war sie ein willkommenes Lustobjekt. So etwas galt unverständlicherweise als Kunstwerk. Museen zahlten Phantasiepreise dafür. Was für eine Verschwendung von Steuergeldern.", brüllte er jetzt dröhnend in den Raum und fügte noch hinzu: „Es wurde Zeit, diesen widerlichen, abartigen Spuk zu beenden und in Deutschland aufzuräumen. Endlich wird unsere völkische Kunst wieder gewürdigt."

Die letzten Sätze sprach er mit seiner unfreiwillig komisch klingenden lispelnden Stimme mit verklärtem Blick, so als verkünde er eine neue Heilslehre. Die war es sicherlich auch für den einst gottesfürchtigen Menschen, der sich jetzt als treuer Gefolgsmann seines Führers erwies.

„Aber jetzt wurde es erst richtig beklemmend", versuche ich Gertrud schonend vorzubereiten.

„Der Mann, der so sehr mit sich zufrieden war, hatte noch einen Giftpfeil im Köcher. Der richtete sich gegen mich."

„Es müsste hier übrigens eine Marzella im Raum geben, ein Fräulein Sprentzel", sagte er, während ich mich noch kleiner zu machen versuchte, als ich ohnehin war.

„Am liebsten wäre ich unsichtbar gewesen. Einen Moment lang war mir so, als würde der Peiniger gleich sagen: Da hinten, diese kleine Frau, das ist Marzella, die sich von Kirchner so schamlos missbrauchen ließ.

Völlig absurd, das war mir zwar klar, aber ich wusste überhaupt nicht, wie ich mich jetzt verhalten sollte. Mir blieb nichts anderes übrig, als mich zu melden, als er nach mir fragte. Alle drehten sich um und starrten mich an. Ich fühlte mich wie bei einem Tribunal. Dabei ging es doch eigentlich nur um eine harmlose Namensgleichheit mit einem Bildtitel, könnte man vermuten. In meinem panischen Zustand war es aber überhaupt nicht harmlos sondern kaum zu ertragen. Mein Herz hämmerte, der Puls raste, ich hatte Beklemmungen und musste doch irgendwie versuchen, nicht zu verdächtig zu wirken. Werde ich jetzt überführt?", fragte ich mich.

„Na, Fräulein Sprentzel, was sagen Sie denn dazu, dass dieses schmierige Bild Ihren Namen trägt?," sagte der Nazi grinsend. „Ich bin total verblüfft, weil ich glaube, dass es meinen Namen nur sehr selten gibt. Ich kenne jedenfalls keine andere Marzella," antwortete ich kleinlaut und versuchte, mir meine Erregung nicht anmerken zu lassen.

„Also, Kirchner muss ja eine Marzella gekannt haben. Die wird er wahrscheinlich sogar hier in der Nähe aufgegabelt haben", gab sich der einstige Messdiener mit meiner Antwort nicht zufrieden. „Vielleicht handelte es sich ja um einen Phantasienamen," versuchte ich den Kopf aus der Schlinge zu ziehen. „Nein, nein, da habe ich andere Informationen," sagte der Mann fast triumphierend. „Diese Schlampe auf dem Kirchnerbild ist eine leibhaftige Marzella, die in Dresden wohnte, wie Sie Fräulein Sprentzel."

Ich wurde kreidebleich. Wusste er etwa Bescheid? Hatte irgendjemand geplaudert und mich verraten? Diese Gedanken schossen mir durch den Kopf. Er ließ nicht locker.

„Wie kommt eigentlich eine deutsche Familie auf einen solchen Namen?", wollte er wissen. „Keine Ahnung!" erwiderte ich wahrheitsgemäß. „Ich weiß nur, dass der Name aus dem Lateinischen kommt. In der Kunst wurde Marzella früher als eine fromme Römerin dargestellt, die Kinder unterrichtet. Vielleicht ahnten meine Eltern, dass ich Lehrerin werden will", erklärte ich mit fester Stimme. Ich hatte mich jetzt wieder besser im Griff.

„Und wie finden Sie das Bild?," hakte er nach. Diese Frage hatte ich erwartet. „Generell interessiere ich mich nicht so sehr für bildende Kunst. Mein Schwerpunkt ist ja Musik," holte ich zögerlich aus, um Zeit zu gewinnen. „Aber ich halte Bilder wie diese nicht für kindgerecht. Mir tun die Mädchen leid, falls sie missbraucht wurden."

Der NS-Mann schien mit dieser Einschätzung überhaupt nicht zufrieden zu sein und rügte mich mit den Worten: „Als gute Katholikin, die Sie ja wohl sind, müssten Sie das doch als perfide Schweinerei empfinden." Plötzlich fragte er auch noch nach Willi: „Sind Sie mit Pfarrer Sprentzel verwandt?" „Ja, das ist mein Bruder," sagte ich. „Ich kenne ihn von früher. Er scheint wie einige Katholiken kein Freund unserer Bewegung zu sein," stellte er fest und schaute mich dabei ziemlich verächtlich an. „Er ist so sehr mit seiner Kirche beschäftigt, dass er kaum Zeit für politische Betätigungen findet," versuchte ich meinen Bruder in Schutz zu nehmen. „Es wäre aber besser für ihn, wenn er sich mehr Zeit für uns nähme," rief der Nazi laut mit drohendem Unterton und fügte hinzu: „Ihre katholische Schule ist bisher auch nicht gerade dadurch aufgefallen, dass sie nationalsozialistische Werte vermittelt und ein gesundes Volksempfinden erkennen lässt.

Sie wollten sich ja sogar um diese so wichtige pädagogische Schulung drücken."

„Nein, das stimmt nicht!" entgegnete ich. „Wir hatten nur personelle Probleme." Der Schulungsleiter wurde jetzt richtig wütend und trieb mich weiter in die Enge. „Verehrtes Fräulein Sprentzel, Sie und einige Ihrer Kollegen bereiten personelle Probleme, wenn Sie dem Führer nicht dabei folgen, das Reich von dem abartigen Dreck zu befreien, der unsere deutsche Kunst besudelt. Sie als Lehrerin haben die verdammte Pflicht und Schuldigkeit, das unserer deutschen Jugend zu vermitteln. Wenn Sie dazu nicht in der Lage sind, haben Sie im Schuldienst nichts zu suchen. Unsere Jungen und Mädchen sollen nicht beten lernen, sondern in HJ und BDM zu einer gesunden Volksgemeinschaft und zum Kampf für unsere Ideale erzogen werden."

„Während dieser persönlichen Abrechnung mit mir waren wieder alle Augen im Raum auf mich gerichtet. Ich fühlte mich wie bei einer verbalen Hinrichtung und tat am Ende der Inquisition alles, was in meinen spürbar erlahmenden Kräften stand, um einigermaßen ungeschoren dem Dilemma zu entrinnen. Ich beteuerte, dass an unserer Schule selbstverständlich NS-Werte gelehrt werden, und ich natürlich auch von dieser Veranstaltung berichten werde. Dabei hatte ich nicht einmal ein schlechtes Gewissen, weil ich wusste, dass mit den Faschisten nicht zu spaßen war, und sie unsere Schule ohnehin argwöhnisch beobachteten."

„Vergessen Sie nicht, Fräulein Sprentzel, Ihren Schülern von der merkwürdigen Namensgleichheit des Mädchens auf dem Kirchnerbild mit Ihnen zu erzählen. Für mich immer noch ein Rätsel, aber ein wunderbarer Einstieg für Ihren Vortrag über „entartete Kunst". Darüber können Sie natürlich jederzeit auch im Musikunterricht sprechen. So grundsätzliche Säuberungsaktionen sind nicht fachgebunden. Wir sind übrigens gerade dabei, auch bei den Komponisten und Dirigenten jüdisches Gift zu eliminieren."

„Nach diesen Tiraden war mir klar, dass ich künftig noch mehr Mühe haben würde, meine Malereiepisode zu vertuschen. Bei einigen Bemerkungen des fanatischen Mannes dort vorne befürchtete ich, er würde vielleicht schon mehr wissen als er sagte. Klang er nicht misstrauisch, angesichts eines Mädchens mit dem seltenen Namen Marzella, das es ausgerechnet im Raum Dresden zweimal geben soll? Vor allem aber quälte mich, dass ich wieder einmal auffällig geworden bin, diesmal wegen meiner politischen Naivität. Noch dazu bei Leuten, die alles herausbekommen konnten, was ihnen wichtig war. Genügend Druckmittel bis hin zu Folterinstrumenten und Konzentrationslagern standen ihnen ja zur Verfügung. Sie hatten die Masse der Bevölkerung stramm hinter sich. Viele deckten entweder jede Schandtat oder schauten weg, um nicht selbst in die Mühlen einer unmenschlichen Justiz zu geraten.

Ich glaube, Trudi, dass mein dummes Verhalten ein Jahr später erheblich zur Schließung unserer Schule beigetragen hat, zumindest ist der Entscheidungsprozess dadurch beschleunigt worden. Auch das quält mich heute noch stark", füge ich traurig hinzu.

Gertrud ist ganz anderer Meinung. „Niemals, Zella, Du hast Dir schon wieder etwas eingeredet. Du neigst offenbar zu pathologischen Schuldkomplexen. Eure Schule wäre ohnehin, wie alle katholischen Schulen, noch vor Kriegsbeginn geschlossen worden. Der Zoff um Deine Teilnahme an der Schulung war nur ein willkommener Anlass für den Paulus, der zum Saulus wurde und es genoss, Dich wegen Deiner Glaubensrichtung vor den anderen Schulleitern Dresdens herunterzuputzen. Dein Bruder bekam dann auch gleich noch sein Fett ab, weil die Nazis glaubten, Pfarrer würden die Gemeindemitglieder mehr mit Gottes Wort als mit Hitlers Ideologie vertraut machen."

„Ja, Trudi, die Sorge der Nazis war berechtigt, denn zum Glück gab es genügend Geistliche, die sich nicht verbiegen ließen.

Ich durfte übrigens weiterhin nach 1938 Lehrerin an einer nicht konfessionellen Schule sein. Wären Zweifel an meiner Zuverlässigkeit entstanden, hätte ich garantiert nicht weiter unterrichten können. Es ist mir also tatsächlich gelungen, meine wahre Einstellung dem Regime gegenüber so geschickt zu verbergen, dass ich nicht denunziert werden konnte. Denn das war überall stark verbreitet. Die Gestapo lag stets auf der Lauer."

„Bist Du in der Nazi Zeit noch einmal mit Deinem Gemälde konfrontiert worden?," fragt Gertrud. „Nein, zum Glück nicht von staatlichen Stellen oder irgendwelchen Personen, die privat recherchierten. Ich wollte ja, wie Du weißt, endgültig mit diesem aufwühlenden Kapitel abschließen. Erst recht, nachdem Ernst Ludwig Kirchner Selbstmord beging. 1938, wenige Monate, nachdem unsere katholische Schule schließen musste. Er war noch nicht einmal 60 Jahre alt. Ich bin noch heute sicher, dass er es nicht ertragen konnte, seine Werke von den Nazis besudelt zu sehen. Ich war nicht nur traurig, sondern wirklich wie paralysiert, als ich von seinem Freitod erfahren habe. Ich versuchte mir vorzustellen, was er für seelische Höllenqualen erlitten haben muss, um in der Lage zu sein, seinem Leben mit einer Pistole ein Ende zu setzen. Was für eine Verzweiflungstat in der herrlichen Schweizer Bergwelt, in der er sich zwischendurch doch so wohlgefühlt hat und sogar glaubte, von seinen Leiden geheilt werden zu können.

Ich habe lange gebraucht, um diesen Schock zu verarbeiten. Ich war ihm wirklich viel näher, als ich dachte. Es schien mir der ideale Zeitpunkt zu sein, um nie wieder Bücher über ihn und seine ehemaligen Freunde zu lesen und auch nicht mehr in Museen oder Galerien zu gehen, in denen seine Bilder ausgestellt wurden. Ich wollte jetzt wirklich alles hinter mir lassen, in der Hoffnung, dass mich niemand mehr aufstöbert und bei meiner Sehnsucht nach Ruhe stört. Ich hätte am liebsten Herrn Kirchner mein Bild als letzten Gruß mit ins Grab gelegt, auf dass ich von dem Fluch meiner Tat befreit werde, und er ein Stück von mir dicht bei sich hat."

„Mensch, Zella, Du hast ihn ja richtig geliebt," ruft Gertrud entzückt. „Nein, Trudi, Liebe ist das falsche Wort. Ich fühlte mich ihm sehr verbunden. Auch weil ich ihn ganz anders kennengelernt habe, als er später dargestellt wurde. Von einer Lockerheit und Verspieltheit, die mich als heranwachsendes Mädchen, das von vielen Freuden des Lebens abgeschirmt wurde, entzückte. So sehr ich die Malerei nachträglich bedaure, ja verfluche, die Begegnungen mit dem Menschen und Künstler Kirchner möchte ich nicht missen. Noch einmal, Trudi, er hat sich mir gegenüber stets wie ein Gentleman verhalten. Er war nie anzüglich und hat mich nie unsittlich berührt. Ich sollte mich nur entkleiden, damit er sein Kunstwerke gestalten konnte, insbesondere natürlich das heute so berühmte Gemälde. Ich diente ihm nicht wie viele erwachsene Frauen als Lustgewinn."

„Und hast Du es durchgehalten, Dich gedanklich vom Atelier zu trennen?," möchte Gertrud wissen. Eine gewisse Skepsis spürte ich schon am Tonfall der Frage.

„Bis ich das Bild von Fränzi und mir neulich bei Dir entdeckte, konnte ich eigentlich mehr als 10 Jahre ruhig und in Frieden mit mir selbst leben, denn es gab in dieser Zeit keine Begebenheiten mehr, die mich aufschreckten und an meine Torheiten erinnerten. Trotzdem war das Gefühl von Scham und Schande in meinem Körper wie implantiert. Deshalb witterte ich überall eine Falle, die jederzeit zuschnappen könnte. Mein Inneres blieb zerrissen."

Dieses Bekenntnis ist eine Steilvorlage für Gertrud, um noch einmal aus ihrer Sicht die Ursache für meine Psychose deutlich zu benennen. „Es ist doch fürchterlich, dass nicht nur die Nationalsozialisten Bilder von Fränzi und Dir als „entartete Kunst" angesehen haben, sondern auch die katholische Kirche Dich dafür zur Hölle schicken würde, wenn sie es wüsste. Es gibt kaum einen Unterschied der Sichtweise auf die modernen Künstler und ihrer Modelle zwischen den Nazis und der Kirche. Beide Institutionen richten über Dinge, von denen sie keine Ahnung haben als selbsternannte Sittenwächter der reinen Lehre. Die Kunst muss in ihr Weltbild passen, sonst wird sie vernichtet oder konfisziert bzw. deren Protagonisten gesellschaftlich geächtet und ausgegrenzt. Die Nazis verbrannten „entartete Kunstwerke", die katholische Kirche würde Menschen, die vermeintlich Unsittliches schufen, am liebsten heute noch ins Fegefeuer werfen. Toleranz ist beiden total fremd. Beide sind Brandstifter. Mit ihren Flammenwerfern löschen sie jede Form der individuellen Freiheit aus. Du hast nie echte Toleranz kennengelernt, Zella. Nicht Du hast gesündigt, sondern man hat sich an Dir versündigt."

Wieder ein so krasses Urteil von Gertrud, bei dem ich normalerweise ausgerastet wäre. Aber ich bin viel zu erschöpft von meinen Erzählungen, die mich psychisch auslaugen, um Gertud noch vernünftig Paroli bieten zu können. Außerdem bin ich inzwischen in der Lage, mit der Freundin zu diskutieren, auch wenn ihre Argumente mir meistens immer noch völlig abwegig erscheinen.

Nach den Osterferien bin ich einerseits glücklich, endlich wieder meine Kinder unterrichten zu dürfen, andererseits fällt es mir schwer, mich voll auf die Schule zu konzentrieren. Zu aufwühlend waren die Ereignisse der letzten Tage. An Erholung war nicht zu denken. Das unerwartete Wiedersehen mit Fränzi hatte tiefe Spuren bei mir hinterlassen. Dass die gemeinsamen Jugenderinnerungen Fränzi wenigstens für kurze Zeit von ihrer furchtbaren Krankheit abgelenkt haben, berührt mich zutiefst. Aber auch die Gespräche mit Gertrud gehen mir nicht aus dem Kopf. Eigentlich will ich ja nie mehr an alte Zeiten erinnert werden, aber ich spüre bei aller Anspannung, dass es mir gut tut, mich nach Fränzi auch ihrer Tochter anzuvertrauen und alles, was sich Jahrzehnte aufgestaut hat, ziemlich detailliert und intim herauszulassen. Insgeheim bewundere ich meinen Mut, aber die Angstgefühle treten nicht mehr so oft auf wie früher. Wahrscheinlich hat Gertrud dazu beigetragen. Aber diese Offenheit, die ich mir noch vor wenigen Wochen überhaupt nicht vorstellen konnte, muss ich selbst erst einmal verarbeiten. Deshalb ist es ein glücklicher Umstand für mich, dass bald nach den Ferien der normale Schulbetrieb von einer Klassenfahrt unterbrochen wird. Mit der 6a fahre ich eine Woche lang in eine Jugendherberge in der Sächsischen Schweiz. Es ist nicht nur für mich, sondern auch für die zehn- bis elfjährigen Kinder die erste Klassenfahrt nach dem Krieg. Ein Riesenereignis. Die Klasse ist begeistert. Ich bin sehr froh, dass mich ein junger Kollege, Burkhard Schröder, begleitet und mir hilft, die Rasselbande der 25 Mädchen und Jungen einigermaßen im Zaum zu halten. Der junge Mann, ein Sportlehrer, wohnt in einem Nachbardorf von Räckelwitz und ist sorbischer Katholik wie die meisten Schüler. Er tobt mit den Kindern nach Herzenslust spielt Fußball und Tischtennis mit ihnen. Ich wandere zwar gern, aber eigentlich bin ich völlig unsportlich. Dafür kann ich aber meine musikalischen Qualitäten einbringen. Auf den langen Spaziergängen in der hügligen Landschaft singe ich mit den Schülern die Volkslieder, die ich ihnen im letzten halben Jahr im Musikunterricht bei-gebracht habe. Was in der Schule für manche noch ziemlich langweilig und öde ist, funktioniert in der freien Natur viel besser. Dort darf jeder singen wie er will und kann. Als Chor ist die Klasse kein Ohrenschmaus. Für mich ist es aber nur wichtig, dass alle Spaß am Singen haben, egal, ob sie den richtigen Ton treffen oder nicht. Ich werde zunehmend von der Fröh-lichkeit der jungen Leute angesteckt. Bringt diese Woche die Erholung, die ich schon längst brauchte?

Als Höhepunkt der Klassenfahrt ist eine Besichtigung der Dresdner Hofkir-che geplant. Mein Bruder will die jungen Gäste persönlich empfangen. Da die meisten Schüler aus Räckelwitz Katholiken sind und natürlich von ihren Eltern wissen, dass Fräulein Sprentzel einen prominenten Bruder hat, ist die Vorfreude auf den Kirchenbesuch groß. Ich will diese Visite möglichst festlich gestalten und habe die Idee, mit den Kindern „Freude schöner Götterfunken" einzustudieren. Beethovens „Ode an die Freude" ist für Laien ziemlich anspruchsvoll, aber es gelingt mir, die Klasse für das Projekt zu interessieren. An jedem Abend wird in der Jugendherberge eifrig ge-probt. Alle sind voll bei der Sache, keiner feixt, obwohl ich wieder beim Dirigieren meinen Hocker zur Hilfe nehme, um alles überblicken zu kön-nen.

Am Abschiedsabend, einen Tag vor dem Besuch der Hofkirche, geht es in der Jugendherberge noch einmal hoch her. Die Kinder dürfen sich aussuchen, was sie besonders gern spielen wollen. Wir Lehrer bemühen uns, alle Wünsche zu erfüllen und jeden Quatsch mitzumachen. Die Schüler sind begeistert. Als die Stimmung auf dem Höhepunkt ist, und pausenlos Lachsalven durch den Raum schallen, geht plötzlich die Tür auf und herein kommt, ich traue meinen Augen kaum, mein Bruder Willi. Welche Überraschung. Während wir uns freudig umarmen, wird es augenblicklich mäuschenstill. Außer mir kennt niemand den Propst von Angesicht. „Was machst Du denn hier? Wir wollten doch morgen zu Dir kommen," frage ich Willi einerseits freudig erregt, andererseits aber auch ein bisschen erschrocken. Als ich aber sein fröhliches Gesicht sehe, bin ich erleichtert. Er scheint offensichtlich nicht wegen irgendwelcher Probleme gekommen zu sein. Dann fällt mir ein, dass ich Willi erst einmal der Klasse und meinem Kollegen vorstellen muss. „Das ist übrigens Propst Sprentzel, mein Bruder." Ein Raunen geht durch die Reihen. So hatten sich die Schüler und sicherlich auch der Lehrerkollege einen hohen Würdenträger der katholischen Kirche wohl nicht vorgestellt. Er ist extrem leger gekleidet, mit einer ziemlich zerknitterten, verwaschenen grauen Hose und einem bunten Freizeithemd. Aber der eigentliche Blickfang ist eine Gitarre, die er bereits ausgepackt im Arm hält. Nachdem er alle sehr freundlich begrüßt hat, sagt er: „Ihr wundert Euch sicherlich, dass ich hier so hereinplatze. Ich hoffe, ich störe Euch nicht, aber ich ahnte schon, dass Ihr heue Abend ein großes Fest veranstaltet und da dachte ich mir, dass ich einfach ein bisschen dazukomme, um mit Euch zu feiern. Dann können wir uns schon aneinander gewöhnen, denn morgen werdet Ihr mich ja in Dresden besuchen. Wenn Ihr Lust habt, könnten wir ein bisschen singen. Ihr seid wahrscheinlich bestens in Übung, denn wie ich meine Schwester kenne, musstet Ihr Euch doch wahrscheinlich pausenlos gesanglich betätigen und Lieder üben." Zustimmendes Gejohle bestätigt diese Annahme. Als Willi dann noch sagt, dass er ja die Lieder mit seiner Gitarre begleiten kann, war das Eis endgültig gebrochen. Was für ein volkstümlicher Kirchenmann, denken sich die

Schüler. In ihren Familien wird natürlich viel über den Propst gesprochen, weil er für ganz Sachsen eine so große Bedeutung hat. Aber niemand kann sich vorstellen, mit dem hohen Priester einmal privat, in so lockerer Atmosphäre, zusammenzukommen. Ein Privileg für die jungen Menschen. Sie haben ihren Eltern viel zu erzählen. Den Kindern macht es riesigen Spaß, mit der Gitarrenbegleitung des Propstes zu singen. Er kennt natürlich alle Lieder, die ich mit Schülern geübt habe, von den gemeinsamen Wanderungen in unserer Jugend. Auch auf Radtouren haben wir viel gesungen.

Der Herbergsvater ist zwar evangelisch wie die meisten Sachsen, aber er empfindet es trotzdem auch als große Ehre, dass ein namhafter Katholik als Überraschungsgast zu Besuch kommt und dann auch noch mit einer Schulklasse musiziert. Schmunzelnd verfolgt der sonst ziemlich strenge, alte Herr das lustige Treiben und achtet an diesem Abend auch nicht so genau auf pünktliche Bettruhe. Ich genieße zwar die ausgelassene Stimmung, aber so gegen 22 Uhr weise ich dann doch darauf hin, dass morgen noch ein anstrengender Tag in der Hofkirche bevorsteht. Das könne man nur ausgeschlafen richtig genießen. Mein Bruder hat keine rechte Lust mehr, sich noch auf den ziemlich langen Heimweg nach Dresden zu begeben und fragt den Herbergsvater, ob er noch ein Bett frei habe. Peinlich berührt kann der Hausherr nur eine Pritsche im Zimmer des Sportlehrers anbieten. „Wir haben leider sonst nichts frei," versucht er sich zu entschuldigen. Mein Bruder aber ist *hocherfreut, dass er überhaupt noch ein Nachtlager bekommt und erzählt dem Herbergsvater, dass er vor dem Krieg bei seinen Hüttenwanderungen im Riesengebirge auch nicht bequemer geschlafen habe. Im Gegenteil, er sei sehr zufrieden. Herr Schröder, mein junger Kollege, ist als Glaubensbruder aufgeregt und stolz über den unerwarteten Zimmergenossen. „Ich glaube, das werde ich eines Tages noch meinen Enkeln erzählen, dass ich in einer Jugendherberge das Lager mit einem leibhaftigen Propst geteilt habe," ruft er begeistert. Mein Bruder schmunzelt und klopft Herrn Schröder fröhlich auf die Schulter.

Am nächsten Tag ist Willi schon früh am Morgen mit seinem kleinen Dienstwagen nach Dresden vorausgefahren, um in der Hofkirche alles für den Empfang unserer Klasse vorzubereiten. Um 12 Uhr sind wir verabredet. Das fünfstimmige Geläut der Glocken klingt feierlich. Ich bekomme eine Gänsehaut. In dem verheerenden Bombenangriff vor fünf Jahren stürzte die kleinste der vier Glocken ab. Jetzt muss die Kirche mit einem Provisorium auskommen, was die einzigartige Stimmung überhaupt nicht trüben kann. An den Außenwänden der Kathedrale sind noch immer Spuren der Zerstörungen zu sehen, aber wer wie ich die Hofkirche im Jahr 1945 erlebt hat, ist immer wieder erstaunt, wie zügig die Aufbauarbeiten trotz der knappen Baumaterialien vorangehen. Ein bleibendes großes Verdienst von Willibrord. Genau daran muss ich denken, als ich andächtig den Innenraum des Gotteshauses mit meinen Schülern und Herrn Schröder betrete. Willi freut sich sichtlich, die muntere Schar aus Räckelwitz wiederzusehen. Diesmal hat er seine Dienstkleidung an, einen dunklen Anzug mit Krawatte. Aber ehe die Klasse vor Respekt erstarrt und vielleicht eine Distanz zwischen ihm und den Schülern spürbar wird, hält mein Bruder schnell eine lockere Begrüßungsrede, die er freilich mit nachdenklichen Worten beendet. Er erklärt den Schülern, dass die Kirche 200 Jahre alt sei und als eines der letzten und schönsten Bauwerke des römischen Spätbarocks gilt. Die dreischiffige Basilika sei aus Sandstein, mit einem hoch aufragenden Mittelschiff errichtet worden. Er weist deshalb so detailliert darauf hin, weil der Bombenhagel das Ursprungsbild der Basilika stark verändert hat. Dann wendet er sich sehr emotional an die jungen Leute:

„Ihr könnt Euch kaum vorstellen, wie es hier nach den Bombenangriffen ausgesehen hat. Das Kirchendach sowie das Gewölbe des Hochschiffes, der Seitenschiffe und der Kreuzkapelle waren eingestürzt. Riesige Schutthaufen lagen da, wo Ihr jetzt hier im Zentrum der Kirche steht. Viele glaubten, man könne das Gebäude nicht wieder aufbauen. Aber der kleine verbliebene harte Kern der Gemeinde ermutigte mich, es zu versuchen. Ihr seht jetzt die ersten Erfolge. Bis die Hofkirche wieder im alten Glanz erstrahlt, werden noch viele, viele Jahre vergehen, aber ich verspreche Euch, dass ich alles daransetzen werde, Euch als erwachsenen Gläubigen wieder ein Gotteshaus zu präsentieren, auf das die Katholiken unter Euch stolz sein können. Ich werde so lange weiterarbeiten, bis das große Ziel erreicht ist."

Eine mutige Aussage des fast 60 Jahre alten Mannes, die von den Schülern mit stürmischem Applaus quittiert wird. Beifallsbekundungen sind ja eigentlich in einer Kirche unüblich, aber vielleicht auch ermutigt durch den gestrigen lockeren Abend in der Jugendherberge, wollten die Kinder auch den Priester ihre Gefühle deutlich spüren lassen. Mein Bruder lächelt, er hat verstanden.

Ich bedanke mich herzlich im Namen der Schüler bei Willi für die einmalige Chance, das Innenleben der Hofkirche aus erster Hand erklärt zu bekommen. Im Vatikan würde man das eine Privataudienz nennen. Dann sage ich: „Wir haben Dir etwas mitgebracht. Wir möchten Dir ein musikalisches Geschenk präsentieren."

Dann hebe ich die Arme, um den Schülern das Einsatzzeichen für das zu geben, woran wir in den letzten Tagen so fleißig gearbeitet haben. Den Choral aus Beethovens 9. Symphonie, die Ode an die Freude. Ein erstaunlich schöner Klang aus hellen Kinderkehlen beeindruckt meinen Bruder unverkennbar. Tränen der Rührung sind in seinen Augen zu sehen. Ich bin stolz, dass das ehrgeizige Vorhaben mit musikalisch mittelmäßig begabten Schülern so erfolgreich ist. Auch die Solisten singen wie kleine Engel. Trotz der vielen Kriegswunden hat die Hofkirche schon wieder eine beachtliche Akustik. Das „Freude schöner Götterfunken" schmettern die Kinder mit Inbrunst. Sie laufen zu Höchstform auf.

Die gelungene Darbietung mit meiner Klasse macht mich so euphorisch, dass ich mich spontan entschließe, einige sehr persönliche Worte an mei-

ne Schüler zu richten, die ich so sehr liebe, und die ich in den schrecklichen drei Jahren der Suspendierung so schmerzlich vermisst habe.

„Ihr seid eine großartige Klasse", beginne ich mit viel Betonung. „Die Woche mit Euch war die schönste Klassenfahrt, die ich je gemacht habe, und
ich bin ja schon einige Jahre in meinem Beruf tätig." Dann sage ich das,
was mir am meisten am Herzen liegt:

„Die meisten von Euch werden heute möglicherweise zum ersten Mal eine
Vorstellung davon bekommen haben, was der Krieg hier in Dresden angerichtet hat. In vielen anderen Ländern sind die Folgen des weltweiten Ge-
metzels noch verheerender. Und das Schlimmste: Alles Unheil ging von
Deutschland aus. Das darf sich nie wiederholen. Unser neuer Staat, die
Deutsche Demokratische Republik, hat sich zum Ziel gesetzt, alles für den
Frieden zu tun. Faschismus und Militarismus sollen bei uns für immer aus-
gerottet werden, damit Ihr eine sichere Zukunft habt. Wir Lehrer werden
alle tatkräftig dabei unterstützen, aus Euch eine wirklich demokratische
Generation zu formen."

Nach diesen politisch brisanten Ausführungen, die ein zustimmendes Ni-
cken bei Herrn Schröder und ein Stirnrunzeln bei meinem Bruder zur Folge
haben, ist es mir noch ein dringendes Bedürfnis, einige religiöse Bemerkungen anzufügen.

„Hier in der traditionsreichen Hofkirche könnt Ihr, liebe Schüler, natürlich
fragen, warum Gott diesen furchtbaren Krieg mit all seinem Leid und
Elend nicht verhindert hat. Wie konnte er es zulassen, dass es weltweit 60
Millionen Tote gegeben hat? Ich sage Euch ganz ehrlich, dass das eine
schwierige Frage ist, die ich auch nicht schlüssig beantworten kann, aber
denkt bitte daran, dass Gott uns Menschen mit den 10 Geboten zwar Le-
bens- und Verhaltensregeln mit auf den Weg gegeben hat, für deren Umsetzung aber nicht verantwortlich gemacht werden kann. Gott ist nur ein
Ratgeber. Wir sollen seine Lehren mit Leib und Seele verinnerlichen. Aber
Gott kann nicht verhindern, dass es neben den vielen guten Menschen
auch böse Menschen gibt. Er kann uns nur auffordern, zum Beispiel das 5.

Gebot zu befolgen. Es lautet: Du sollst nicht töten. Aber Gott greift nicht in das irdische Geschehen ein. Es ist die Aufgabe der Priester, die Gläubigen zu ermahnen und zu erziehen, Gottes Botschaft zu befolgen. Fast alle meistern dies mit Bravour, wie mein Bruder, unser geliebter Propst, aber in der Zeit des Nationalsozialismus gab es leider nicht wenige Repräsentanten der Kirche, die mit den Nazis sympathisierten und ihnen damit den Weg ebneten, auch die Gotteshäuser zu unterwandern. Pfarrer sind vom Glauben abgekommen und haben sogar die Waffen gesegnet. Unverzeihlich. Kein Mensch und keine Berufsgruppe ist offensichtlich dagegen gefeit, Gottes Wort irgendwann zu ignorieren. Die Geschichte lehrt: Auch Geistliche leider nicht. Sie sind genauso wenig unfehlbar, wie der Rest der Menschheit."

Ich muss kurz innehalten. Habe ich das wirklich gerade gesagt? Es ist jetzt keine Zeit, weiter darüber nachzudenken oder auf Willis Reaktion zu warten. Ich will schnell meine kleine Ansprache fortsetzen.

„Gottes Stärke und Gnade besteht darin, dass er auch uns armen Sündern unsere Schuld vergibt, wenn wir ernsthaft bereuen. Jesus sagte: Wer ohne Schuld ist, der werfe den ersten Stein. Auch Ihr, liebe Schüler, werdet in Eurem Leben Sachen machen, die Euch später leid tun. Die Beichte kann helfen, aber zusätzlich ist es ganz wichtig, dass Euch für immer verziehen wird, damit Ihr Euch wieder unbelastet Gott zuwenden und ihn um Beistand bitten könnt. Ihr kennt ja alle aus dem Religionsunterricht das „Vater Unser". Eine wichtige Stelle darin lautet: Und vergib uns unsere Schuld, wie wir vergeben unserem Schuldiger.

Wenn es Dir recht ist, Willi, möchte ich gern, dass wir jetzt gemeinsam das „Vater Unser" beten." Willi nickt, wie es in ihm drinnen aussieht, ist nicht deutlich zu erkennen.

Ich hatte noch nie ein so gutes befreites Gefühl beim Gebet wie in diesem Moment.

Es ist mir klar, dass ich die Schüler mit einigem, was ich so engagiert zum Ausdruck brachte, überfordert habe, aber manches bleibt vielleicht doch hängen, tröste ich mich. Außerdem habe ich vor allem auch zu mir selbst und natürlich auch zu meinem Bruder, stellvertretend für alle katholischen Priester, gesprochen. Ich kann die Kraft, die mir die Ansprache vermittelt hat, daran erkennen, dass ich Willis sicherlich zu erwartenden Zorn nicht so ernsthaft fürchte wie sonst. Immerhin hatte ich mich gegenüber meinem Bruder noch nie so provozierend geäußert. Aber zu meiner großen Überraschung bleibt Willi zumindest äußerlich ziemlich gelassen und lädt die Klasse im benachbarten Gemeindehaus noch zu Limonade und Keksen ein.

Auch dort gibt es von seiner Seite kein Wort der Kritik an mir. Das ist doch gar nicht möglich, denke ich. Ich weiß doch genau, dass Willi mit etlichen Passagen meiner kleinen Rede nicht einverstanden sein konnte. Er ist doch ein ganz traditioneller Priester, der keinerlei Abweichungen von der reinen katholischen Lehre duldet. Und jetzt, da ich den Mut hatte, eigene Gedanken zu formulieren, die ich noch nie zuvor so auszusprechen wagte, sollte er Verständnis dafür haben und diese Äußerungen tolerieren? Unvorstellbar. Das musste Willi doch als ketzerisch empfinden und tief verletzen. Aber es passierte nichts. Mein Bruder bleibt bis zur Verabschiedung sehr freundlich. War das Höflichkeit gegenüber den jungen Gästen? Will er die Schüler nicht mit einer familiären Kontroverse belasten? Ich kann es jedenfalls immer noch nicht glauben, dass Willi mit keinem Wort auf meine Rede reagiert. Auf der anderen Seite bin ich natürlich froh darüber, denn, auch wenn ich jetzt selbstbewusster auftrete, bin ich doch an einem echten Streit mit meinem Bruder überhaupt nicht interessiert. Er ist und bleibt mein engster Vertrauter, mein bester Freund, mein Vorbild. Es wäre natürlich großartig, wenn es künftig möglich wäre, mit Willi auch kontroverse Diskussionen führen zu können. Immerhin bin ich inzwischen eine reife Frau, mit viel eigener Lebenserfahrung. Aber ich bleibe skeptisch, ob mich Willi als gleichrangige Gesprächspartnerin akzeptiert, oder eben doch in mir weiterhin die kleine Schwester sieht, für die er sich als oberster Tugendwächter verantwortlich fühlt, um sie vor dem Unheil der bösen Welt zu schützen.

Willi erzählt mir, dass er in den nächsten Tagen in Bautzen einen Termin mit katholischen Sorben habe, die auch in der jungen DDR um ihre Rechte als anerkannte Minderheit mit einem Sonderstatus in der Region kämpfen müssen. Willi hat besonderes Verständnis für die Volksgruppe, weil er 1927 Pfarrer der Liebfrauenkirche in Bautzen, der Hochburg der Sorben, wurde und in dieser Zeit auch sorbisch lernte. Er bietet mir an, bei mir in Räckelwitz vorbeizukommen. Ich bin natürlich hocherfreut und lade ihn ein, mich jederzeit zu besuchen.

Am Abend fahren Herr Schröder und ich mit der Klasse zurück nach Räckelwitz. Die Schule hat für den Rücktransport einen Bus spendiert. Mit öffentlichen Verkehrsmitteln könnte man den Heimatort an diesem Tag nicht mehr erreichen. Die Leitung unserer sorbischen Michal Hornik Schule wollte, dass die katholischen Kinder den Nachmittag beim Propst in der Hofkirche auf jeden Fall ohne Zeitdruck genießen können. Deshalb die noble Bewilligung einer Sonderfahrt.

Wir Lehrer sitzen vorn rechts in der ersten Reihe, schräg hinter dem Fahrer. Es ist erstaunlich ruhig im Bus. Kein sonst übliches Gekreische und Gejohle, die meisten Schüler wirken erschöpft. Das Kirchenerlebnis hat die jungen Pennäler ausgelaugt. Viele schlafen sofort ein. Herr Schröder und ich sind hellwach.

„Gratulation zu Ihrer Rede, FräuleinSprentzel",sagt Burghard Schröder und schaut michdabei bewundernd an. Ich bin erstaunt über diese Äußerung, bedanke mich aber höflich für das Kompliment. „Ganz schön mutig waren Sie ja, Fräulein Sprentzel," fügt er noch hinzu. „Wie meinen Sie das, Herr

Schröder?," frage ich. „Na ja, manches kann doch Ihrem Bruder nicht ge-fallen haben." „Was zum Beispiel?," möchte ich wissen. „Na, dass Sie die Unfehlbarkeit des Papstes in Frage gestellt haben," bekräftigt der junge Kollege.

„Da haben Sie aber schlecht zugehört, Herr Schröder. Ich habe von der Fehlbarkeit der normalen Menschen gesprochen, zu denen auch Geistli-che gehören. Der Papst ist der Stellvertreter Gottes auf Erden. Er hat dadurch eine Sonderstellung, die ihn unfehlbar macht. Aber eben nur ihn. Manche Priester nehmen dieses Privileg, wie ich finde, zu Unrecht auch für sich in Anspruch. Darauf wollte ich hinweisen," erkläre ich. „Und hält sich Ihr Bruder für unfehlbar?" „Ich hoffe nicht. Für mich ist er aber auf jeden Fall der vertrauenswürdigste Mensch, den ich kenne. Nicht unfehl-bar, aber eine außergewöhnliche Persönlichkeit. Ein bedeutender Geistli-cher. Eine große Stütze für mich und alle Gläubigen rund um Dresden."

Ich komme mal wieder ins Schwärmen, wenn von Willi die Rede ist. „Wie schön für Sie, Fräulein Sprentzel, aber glauben Sie wirklich, dass er mit Ihrer Rede zufrieden war?," hakt Burghard Schröder noch einmal nach. „Keine Ahnung!" antworte ich und versuche fast gelangweilt zu wirken, als sei mir das egal. „Außerdem kann man sich doch auch sehr gut verstehen, wenn man mal unterschiedliche Auffassungen hat," füge ich noch hinzu und hoffe, dass der Kollege nicht meine innere Erregung spürt.

„Na, das wäre ja wunderbar, wenn Ihr Bruder toleranter wäre als andere Priester." Herr Schröder wirkt ein bisschen spöttisch als er das sagt. „Am interessantesten an Ihrer Rede, Fräulein Sprentzel, fand ich übrigens die Passage, als Sie über Schuld, Sühne und Vergebung gesprochen haben. Das wirkte, als wären Sie von so einem Problem persönlich betroffen." „Nein, zum Glück nicht," antworte ich blitzschnell und schüttle dabei energisch meinen Kopf, um möglichst überzeugend zu klingen. „Persönlich bin ich nicht betroffen. Ich kenne aber einige katholische Menschen, fromme Christen, denen ihre Schuld nie vergeben wurde, die lebenslang ausgegrenzt wurden. Mit meinen Worten in der Kirche wollte ich ganz allgemein für mehr christliche Nächstenliebe in den Gemeinden und die Chance auf Vergebung von Sünden plädieren," versuche ich den Sinn meiner Rede zu erklären.

„Bei mir haben Sie damit einen Nerv getroffen," erwidert der Kollege. „Inwiefern?," frage ich überrascht. „Mir hat man nicht vergeben, weil ich ein katholisches Gesetz gebrochen habe," spricht Herr Schröder leise vor sich hin. „Das müssen Sie mir näher erklären, oder wollen Sie es lieber für sich behalten?" äußere ich mich vorsichtig. „Nein, ich erzähle Ihnen es gern, zumal es ja auch kein großes Geheimnis ist. Ich bin geschieden und wieder verheiratet. Sie wissen, was das bedeutet?"

„Natürlich, damit sind Sie von den Sakramenten ausgeschlossen," sage ich mehr zu mir selbst. „Genau. Nicht nur das. Die Kirche bezeichnet meine neue Ehe als Ehebruch. Und noch schlimmer. In meinem kleinen Dorf werde ich von den Glaubensbrüdern wie ein Aussätziger behandelt. Ich fühle mich, als würden alle auf mich zeigen und sagen: Schaut her, das da, das ist der Gottlose."

„Eine schlimme Situation für Sie." Mehr fällt mir spontan nicht ein. „Ja, und meiner neuen Frau geht es genauso. Unfrieden wird von außen an uns herangetragen. Am liebsten würde ich mich in eine andere Gegend versetzen lassen. Aber das ist nicht so einfach", ist sich Burghard Schröder sicher. „Denn ich bin froh, dass ich hier Arbeit und eine Wohnung habe. Außerdem fühle ich mich auch viel zu viel verwurzelt in meiner sorbischen Gemeinschaft. Ich bin hier geboren. Hier gehöre ich hin. Das ist meine Heimat. Aber man will mich hier nicht mehr haben, weil die Kirche so anachronistische Gesetze hat."

Der junge Mann wird immer lauter, so dass ich schon fürchte, man könne seinen Gefühlsausbruch im Bus mitbekommen.

„Ich verstehe Sie, Herr Schröder", sage ich und versuche, die Lautstärke der Unterhaltung etwas zu dämpfen, „aber Gesetze müssen nun einmal eingehalten werden, staatliche genauso wie kirchliche. Wenn Sie gegen Gesetze verstoßen, dürfen Sie sich nicht wundern, wenn Sie dafür bestraft werden", bekräftige ich. „Für mich besteht ein großer Unterschied zwischen staatlichen und kirchlichen Vorschriften", versucht sich Herr Schröder zu rechtfertigen. „Staatliche Gesetze werden im Laufe der Zeit geändert und den aktuellen Gegebenheiten und Erfordernissen angepasst. Deren Sinn kann ich meistens nachvollziehen und muss die Spielregeln des täglichen Lebens einhalten, auch wenn es mir manchmal vielleicht schwerfällt. Kirchliche Gesetze scheinen dagegen wie in Stein gemeißelt. Was vor Hunderten von Jahren vielleicht sinnvoll war, kann doch inzwischen völlig überholt sein."

Herr Schröder kann sich gar nicht beruhigen. Ich halte dagegen. „Also, lieber Herr Schröder, ich möchte Ihnen wirklich nicht zu nahe treten, aber so können Sie als guter Katholik nicht argumentieren. Es ist ja gerade die Stärke von Gottes Geboten, dass sie nicht vom Zeitgeist geprägt sind, sondern ewig gültig bleiben. Schauen wir ganz konkret auf Ihren Fall, der Sie zu Recht so belastet, was mir wirklich sehr leid tut. Aber Sie haben vor Gott einen Ehevertrag geschlossen, bis dass der Tod Euch scheidet. Sie wissen doch, Herr Schröder, was Gott zusammenführt, das soll der Mensch nicht scheiden."

Ich bin in meinem Element und von diesem Kirchengesetz total überzeugt. Mein Kollege kann gar nicht glauben, dass ich, die erfahrene Lehrerin, das Leben so perfekt und ohne Schwachstellen gemeistert haben könnte.

„Haben Sie es eigentlich immer geschafft, nach kirchlichen Gesetzen zu leben?", fragt er mich. Ich zögere kurz und sage dann: „Ich weiß es nicht genau. Manchmal hatte ich Zweifel, ob ich fromm genug war. Das war belastend. Vielleicht habe ich auch mal unbewusst gesündigt, oder habe es zumindest geglaubt, weil andere mir das eingeredet haben."

Ich erschrak an dieser Stelle über mich selbst. Diesen Satz wollte ich eigentlich nicht aussprechen, das war mir viel zu persönlich. Er ist einfach so herausgerutscht und wird von Herrn Schröder prompt aufgegriffen.

„Na, Fräulein Sprentzel, das klingt nun aber doch so, als ob Sie bei Ihrer Rede in der Hofkirche sehr wohl auch über persönliche Dinge gesprochen haben. Zum Glück sind Sie offensichtlich auch nur ein fehlbarer Mensch mit Selbstzweifeln," äußert er sich spürbar erleichtert über meine vermeintliche Unvollkommenheit. Aber auch ein leicht triumphierender Unterton ist nicht zu überhören. Er meint wahrscheinlich doch noch in mein wahres Seelenleben vorgedrungen zu sein. Genau das will ich auf jeden Fall vermeiden. Mir ist es sehr unangenehm, mich so deutlich gegenüber diesem eigentlich ziemlich fremden Mann geäußert zu haben. Herr Schröder ist zwar ein junger, liebenswürdiger Kollege, der bei der Klassenfahrt nicht nur sehr hilfreich war sondern sich auch als gescheiter Gesprächspartner erwiesen hat. Meine persönlichen Probleme sind aber viel zu heikel, um sie auch nur ansatzweise vor ihm auszubreiten. Deshalb widerspreche ich energisch seiner Wahrnehmung.

„Da haben Sie mich wieder einmal missverstanden, Herr Schröder. Ich zweifle lediglich häufig daran, ob ich den Ansprüchen des Herrgotts trotz aller Bemühungen immer gerecht werde. Das hat aber mit meiner Rede in der Hofkirche nichts zu tun. Wie ich Ihnen schon sagte, wollte ich dort ganz allgemein an die Geistlichen appellieren, reuigen Sündern zu vergeben und sie nicht auszugrenzen."

Burghard Schröder ist es plötzlich sehr peinlich, sich so indiskret verhalten zu haben. Er entschuldigt sich warmherzig bei mir. Ich reagiere mit einem freundlichen „Ist schon gut!" Mir liegt vielmehr daran, noch einmal zu bekräftigen, was einen gläubigen Katholiken auszeichnet.

„Was auch immer in Ihrem Leben passiert, Herr Schröder: Entscheidend ist, dass Sie Gottes Wort achten und den Inhalt der Bibel stets zum Leitfaden Ihres Handelns machen. Dann werden Sie kein Problem haben, die Gesetze der Kirche zu befolgen."

„Und das habe ich nicht getan, meinen Sie?", fragt er noch einmal nach. „Nein, denn der Schöpfer will, dass die Ehe unauflöslich ist. Kein Mensch kann daran etwas ändern." „Glauben Sie ernsthaft, dass die katholische Kirche diese weltfremde Ansicht noch lange durchhalten wird?" Er versucht, mir eine Prognose zu entlocken.

„Ja, Herr Schröder, die Ehe als ein von Gott anerkannter Bund fürs Leben wird immer unauflöslich sein. Scheidungen kann es aus kirchlicher Sicht auch in Zukunft nicht geben."

Hätte Willi doch gehört, wie überzeugt ich die Position der Kirche vertreten habe, denke ich mir, denn ich bin immer noch nicht sicher, ob mein Bruder den Auftritt in der Hofkirche wirklich toleriert.

Willi kündigt seinen Besuch für den 10. Juni in Räckelwitz an. Seit Wochen sorgt eine konstante Ostströmung in diesem Sommer des Jahres 1950 für herrliches klares Wetter mit erträglichen Temperaturen. So auch an diesem Sonntag. Ich habe einen Kuchen gebacken. Mein Bruder ist ein Süßschnabel, er liebt vor allem Obsttorte. Es ist Erdbeerzeit, ich durfte die Früchte im Garten der Ordensschwestern selbst pflücken, um sie dann lecker zu verarbeiten. Ich bin sicher, Willi damit eine Freude zu machen. Ich habe mich nicht getäuscht. Er ist des Lobes voll über den liebevoll gedeckten Kaffetisch, mit dem warmen Erdbeerkuchen frisch aus dem Ofen.

„Hast Du Dir eine Mühe gegeben, Zella, das war doch nicht nötig, aber die Torte sieht fantastisch aus." Mit diesen Worten würdigt er meine Vorbereitungen. Wir genießen den gemeinsamen Nachmittag. Aber als ich schon dachte, Willi würde auf meinen Auftritt in der Hofkirche nicht mehr eingehen, passierte es doch noch.

„Ach, ehe ich es vergesse, Zella," beginnt er behutsam. „Darf ich Dir ein paar Fragen zu Deiner Rede vor den Schülern stellen?" „Ja, natürlich," antworte ich so gelassen wie möglich. Noch vor kurzem hätte ich mich vor einer Diskussion mit dem großen Bruder gefürchtet. Diesmal nicht. Hoffentlich hagelt es jetzt nicht wieder Vorwürfe, hoffe ich.

„Zella, ich war begeistert von Eurem Gesang," sagt Willi, „aber ich weiß nicht, was Dich bewogen hat, danach so eine Rede zu halten. Das warst Du nicht. So kenne ich Dich nicht. Wer hat Dir solche Flausen in den Kopf gesetzt?" Mein Bruder hebt jetzt schon etwas mehr die Stimme.

„Was meinst Du konkret, Willi?", will ich wissen. „Ich weiß gar nicht, wo ich anfangen soll," erwidert er. „Der ganze Vortrag war eigentlich ein Skandal." Ich versuche, mich nicht aus der Ruhe bringen zu lassen. „So einen harten Vorwurf musst Du mir schon näher erläutern." Ich bemühe mich, ganz sachlich zu bleiben, um meinen Bruder nicht zu reizen.

„Es begann schon mit Deinem Loblied auf die DDR, Zella. Das sind Kommunisten, gottlose Atheisten, das solltest Du doch wissen." Ich falle ihm ins Wort. „Es gibt diesen Staat erst seit einem Jahr, Willi. Warum gibst Du ihm nicht die Chance, zu zeigen, dass er die faschistische deutsche Vergangenheit ausrotten und wirklich ein friedliches, zivilisiertes Land errichten kann? Nicht jeder, der sich nicht zum Christentum bekennt, muss ein schlechter Mensch sein!"

Wili widerspricht. „Wer nicht an Gott glaubt, kann doch keine Leitfigur für unsere Jugend sein." „Du weißt, wie wichtig die Kirche für mich ist," entgegne ich, „aber beim Aufbau einer Demokratie ist nicht der Glaube allein entscheidend für den Erfolg. Außerdem, Willi, Du musst doch auch mit den gottlosen staatlichen Behörden zusammenarbeiten, sonst würdest Du Deine Herkulesaufgabe bei der Hofkirche nicht bewältigen können."

„Das ist etwas ganz anderes," versucht Willi auszuweichen. „Nein, das ist genauso wie bei mir in der Schule. Wenn ich meinen Beruf ausüben will, muss ich das politische System akzeptieren, ja sogar stützen. Ich tue das in diesem Fall sogar gern, weil ich fest an eine bessere Zukunft im Sozialismus glaube. Auf jeden Fall ist es hier besser als im Westen mit seinen vielen alten Nazis."

Mein Bruder ist entsetzt. „Apropos Nazis, Zella", klagt er weiter. „Musstest Du denn vor den Schülern unbedingt die alten Kamellen aufwärmen?" „Welche alten Kamellen?" „Na, die Sache mit den schwarzen Schafen unter uns Priestern. Das waren doch nur wenige," ist mein Bruder überzeugt. „Es waren nicht nur wenige, Willi. Der Vatikan, also die ganze katholische Kirche, schloss ein Konkordat mit dem Nationalsozialismus, einen Pakt mit dem Teufel." Ich fühle mich immer sicherer in meiner Argumentation. „Außerdem sind das keine alten Kamellen, sondern es betrifft unsere jüngste Vergangenheit, die auch eine tragische Kirchengeschichte beinhaltet."

„Aber wie kannst Du dann daraus ableiten, dass kein Mensch unfehlbar sei, Zella? Der Papst ist es doch auf jeden Fall." Willi wird spürbar lauter und erregter. „Die Unfehlbarkeit des Papstes habe ich nicht gemeint. Das stelle ich nicht infrage, obwohl es, unter uns gesagt, seine Autorität nicht beschädigen würde, wenn der Vatikan auf dieses Dogma verzichten würde," entgegne ich mit meinem neuen Selbstbewusstsein. „Mich stört vielmehr, dass sich viele normale Priester für genauso unfehlbar halten wie der Papst. Sie glauben, die höchste moralische Instanz ohne Fehl und Tadel zu verkörpern und über andere Menschen urteilen zu können. Das finde ich nicht in Ordnung."

Ich wundere mich, an wie viele Details meiner Ansprache in Dresden sich Willi erinnern kann. Er wird immer zorniger: „Zella, Du rüttelst an den Fundamenten unseres gemeinsamen Glaubens. Pass auf, dass Du Dich nicht schon wieder versündigst!"

Mein Bruder klingt zunehmend unversöhnlicher. „Was soll das heißen, dass ich mich schon wieder versündige?" will ich wissen, obwohl ich die Anspielung natürlich gut verstehe.

„Tue jetzt bitte nicht so scheinheilig, Zella. Du weißt genau, was Du uns damals angetan hast."

„Siehst Du, Willi, das sind nun wirklich alte Kamellen. Aber ich weiß ja, dass auch Du mir meine Jugendtorheit nie verziehen hast, obwohl ich damals alles bereut und auch gebeichtet habe. Lebenslang musste ich unter diesem Ausrutscher leiden, den viele ernstzunehmende Menschen längst nicht so krass einschätzen wie Du, Willi."

„Du scheinst nicht mehr den richtigen Umgang zu haben, Zella, sonst würdest Du nicht so ruchlos sprechen. Natürlich gerät Deine Missetat von damals niemals in Vergessenheit und kann auch nicht vergeben werden, denn jeder kann Dich heute noch nackt auf dem Bild sehen. Es gehört zu den bekanntesten Werken Kirchners. Dein Glück, Zella, dass das bis heute nur sehr wenige Menschen wissen."

Willi hat sich in Rage geredet. Ich kontere trocken: „Ich glaube, Willi, Du empfindest es mehr als Dein Glück, dass ich noch nicht aufgeflogen bin, weil Du Angst vor einem Kirchenskandal hast und außerdem um Deinen Job fürchtest." „Du um Deinen als Lehrerin nicht?", kontert der Bruder. „Nein, nicht mehr. Ich glaube, ich würde heute einen sicherlich zu erwartenden Sturm der Entrüstung besser überstehen als noch vor einiger Zeit. Außerdem weiß ich, wie gesagt, auch gar nicht, ob alle so empört wären wie unsere Kirche. Möglicherweise würden die Eltern der Schüler mich sogar wieder so verteidigen wie damals bei meiner Suspendierung, weil ich in ihren Augen eine gute Lehrerin bin."

„Da unterschätzt Du aber das Geschwätz der Leute," ist sich Willi ganz sicher. „Ach, die Leute schwätzen immer und ewig über alles. Wichtig sind wie stets die Entscheidungsträger. Vielleicht sind meine neuen Vorgesetzten mit ihren moralischen Urteilen über eine Jugendepisode ja wirklich etwas zurückhaltender. Nicht auszuschließen, dass es sogar Leute unter ihnen gibt, die wissen, dass Aktmalerei etwas mit Kunst zu tun hat." Ich fühle mich meinem Bruder immer ebenbürtiger.

„Das hast Du Dir ja wunderbar ausgedacht, Zella," spottet Willi. „Wer hat Dir das nur eingeredet? Das war Kindesmissbrauch. Hast Du jemals Bücher über Kirchner und seine Sexbesessenheit gelesen?" „Ja, habe ich. Aber ich habe ihn völlig anders erlebt, als einen Gentleman vom Scheitel bis zur Sohle," bekräftige ich. Erstaunlicherweise kann ich meine Emotionen hervorragend kontrollieren. „Übrigens, Kindesmissbrauch gab es in meiner Zeit nicht. Und ich habe viele Kinder dort gesehen. Aber damit Du mich nicht missverstehst, Willi, sage ich Dir noch einmal: Ich bin gottesfürchtiger denn je, mein Glaube gibt mit nach wie vor Kraft und Inspiration für ein Leben auch in schwierigen Zeiten. Mit meiner Schuld, die ich vor 40 Jahren auf mich geladen habe, möchte ich aber ganz allein umgehen. Keiner hat das Recht, mich noch heute mit Vorwürfen zu überhäufen. Schon gar nicht Deine Priesterkollegen, Willi, von denen auch heute wieder einige ihren eigenen moralischen Ansprüchen nicht gerecht werden. Häufig hört man davon, dass es in katholischen Kreisen Missbrauchsskandale gibt, übrigens auch gerade an Kindern und Jugendlichen. Wahrscheinlich häufiger, als es viele den Malern vorgeworfen haben. Etliche Pfarrer, die das volle Vertrauen der Gläubigen genießen, sind zu doppelzüngig, um als Sittenwächter aufzutreten. Das ist scheinheilig, Willi, und Du solltest Dich nicht auf das Niveau dieser Geistlichen begeben." Mein Bruder ist sprachlos.

Gerade als Willi tief Luft holt, um darauf zu reagieren, klingelt es bei mir an der Wohnungstür. Gertrud steht da, Tränen überströmt. „Trudi, um Himmels Willen, was ist geschehen?", kann ich gerade noch fragen, während die Freundin noch mehr schluchzt und mir um den Hals fällt. „Mutter ist tot," stammelt sie leise. Ich schlage die Hände vor dem Gesicht zusammen und beginne auch hemmungslos zu weinen. Es dauert lange, bis ich irgendetwas sagen kann. „Nein, das darf doch nicht wahr sein. Meine Fränzi. Wie schrecklich. Es tut mir so leid für Dich." Meine tröstenden Worte und meine Anteilnahme kommen tief aus dem Herzen. Ich bin schockiert.

„Komme doch erst einmal herein! Das ist übrigens mein Bruder. Willi, das ist meine Kollegin Gertrud Arlt, die seit kurzem auch an unserer Schule unterrichtet. Und stelle Dir vor, was für ein Zufall: Sie ist die Tochter von

Fränzi, die damals mit mir bei den Malern war. Jetzt ist Fränzi gestorben. Sie war zuletzt schon sehr krank."

Willis Beileid nimmt Gertrud gar nicht richtig wahr. Ich drücke die Freundin ganz fest an mich, wie eine Tochter. Mir wird bewusst, dass Fränzi noch nicht einmal 50 Jahre alt wurde. Seine Mutter so jung zu verlieren, muss ganz besonders schlimm sein. Welche Gnade, dass unsere Mutter fast 80 Jahre alt wurde, denke ich bei mir. „Warum ist Fränzi jetzt so schnell gestorben?" frage ich vorsichtig. „Ich glaube, sie hatte keine Kraft und vielleicht auch keine Lust mehr zu kämpfen." Gertrud haucht diese Worte nur heraus. Dann aber hebt sie den Kopf und immer noch um Fassung ringend sagt sie zu mir: „Dein Besuch war die letzte große Freude ihres Lebens. Ich habe sie zuletzt nie so glücklich gesehen wie an diesem Tag. Mit Dir noch einmal über die schönste Zeit ihres Lebens sprechen zu können, hat ihr wahnsinnig viel bedeutet. Wie grausam, dass Sie nur als kleines Kind richtig zufrieden war. Aber wie schön, dass sie wenigstens dieses Erlebnis richtig auskosten konnte, und die Begegnung mit Dir sie daran noch einmal erinnerte. Sie hat Dich sehr gern gehabt. Nach dem Wiedersehen mit Dir konnte Mutter friedlich einschlafen. Ich war bei ihr und habe ihre Hand gehalten. Der oft unerträgliche Schmerz war aus ihrem Gesicht gewichen." Mit monotoner Stimme erzählt Gertrud von diesem Abschied.

Willi hört aufmerksam zu. Natürlich tut ihm die junge Frau sehr leid, aber er ist auch ziemlich erstaunt darüber, dass ich mit Fränzi, die ihm als bekanntes Modell der „Brücke" Künstler ein Begriff ist, bis heute offensichtlich Kontakt hatte. Für ihn ist damit klar, dass ich nicht, wie ich es den Eltern versprochen hatte, alles, was damals Schreckliches geschehen ist, hinter mir gelassen hatte, sondern ich im Gegenteil sogar bis jetzt mit einer früheren Kindermuse befreundet blieb. Ein klarer Vertrauensbruch. Das passte genau zu dem Eindruck, den ich in der Hofkirche bei ihm hinterließ. Willi weiß natürlich, dass das jetzt nicht die passende Gelegenheit ist, um mit mir weiter über mein   aus seiner Sicht ungehöriges Verhalten zu sprechen. Um nicht irgendwann die Beherrschung zu verlieren, entschließt sich Willi, früher als geplant, nach Bautzen weiterzufahren. Unsere Verabschiedung verläuft nicht so herzlich wie gewohnt. Meine Polemik hat deutliche Spuren hinterlassen.

Ich bin ganz froh darüber, dass ich jetzt mit Gertrud allein bin, denn es ist mir ein tiefes Bedürfnis, jetzt ganz für sie da zu sein.

„Hast Du Zoff mit Deinem Bruder, Zella?" fragt Gertrud vorsichtig. „Ach, vergiss es, Trudi!," versuche ich die junge Frau in ihrer schlimmen Situation nicht mit meinem Familienzwist weiter zu belasten.

Ich drücke Gertrud noch einmal ganz fest an mich. Wir sagen minutenlang kein Wort. Wir verharren in stiller Trauer. Unsere Gedanken sind bei Trudis so jung verstorbener Mutter. Ich denke daran, dass ich Fränzi ja nur zweimal für ziemlich kurze Zeit getroffen habe, und diese Begegnungen trotzdem einen so bleibenden Eindruck hinterlassen haben. Ausgerechnet ihre glücklichsten und traurigsten Momente hatte ich miterlebt, und dies in einer aufwühlenden, berührenden Intensität.

Natürlich fühle ich mich Fränzi besonders verbunden, weil ich das junge Mädchen ausgerechnet bei den Malern getroffen habe. Eigentlich war Fränzi als damalige Gefährtin der einzige Mensch, der das Recht gehabt hätte, über meine Ateliertätigkeit zu sprechen und vielleicht sogar zu urteilen. Auch wenn sie noch so klein war, sie hat vieles schon ganz bewusst erlebt und war mit mir eng vertraut.

Für Gertrud ist meine Nähe ein Glücksfall. Die Ruhe, die ich jetzt ausstrahle, überträgt sich wohltuend auf die Freundin. Es bedarf nicht vieler Worte, um eine innige Stimmung zu erzeugen, die Gertrud als Trost empfindet.

„Ich muss Dir noch etwas erzählen, was mir sehr wichtig ist", sage ich zögerlich. „Jetzt machst Du mich aber wieder einmal neugierig", erwidert Gertrud gespannt. „Ich glaube, Trudi, Du bist jetzt bestimmt nicht in der

Stimmung, um Dir so etwas anzuhören. Der Verlust von Fränzi ist für Dich viel zu schmerzlich."

„Nein, Zella, ganz und gar nicht. Wenn Du über alte Zeiten sprichst, die für meine Mutter so bedeutend waren, gibst Du mir die Kraft, ihren Tod besser zu verarbeiten. Also, lege los!"

Für mich ist alles befreiend, was ich Gertrud bisher erzählte. Vor allem auch, weil die Einschätzungen der Freundin mir Denkansätze bieten, die ich bisher nicht kannte. Sie versetzen mich in die Lage, mich von den Gewissensbissen und Schuldkomplexen ein wenig zu befreien, oder sie wenigstens etwas zu verdrängen. Ich ringe mich also dazu durch, ein weiteres Geheimnis zu lüften.

„Also, Trudi, 1926 hat Ernst Ludwig Kirchner nicht nur Fränzi, sondern auch mich besucht." Gertrud schaut ungläubig. Sie ist total überrascht.

„Warum hast Du das bisher noch nicht erzählt, zum Beispiel auch Mutter im Krankenhaus?"

„Ich war einfach noch nicht so weit. Heute ist das ganz anders. Darum bin ich ja so traurig, dass ich nur noch mit Dir darüber sprechen kann." Ich werbe um Verständnis.

„Und wie ist Kirchners Besuch bei Dir verlaufen?", hakt Gertrud nach. „Na ja, ganz merkwürdig." Ich krame in meinen Erinnerungen.

„Also, ich hatte den Eindruck, dass es absolut keine Höflichkeitsvisite war, sondern, dass es ihm sehr schlecht ging und er jemanden brauchte, der in der Lage war, ihm zuzuhören, wenn er über seinen Kummer spricht. Ich war wohl tatsächlich für ihn im Atelier eine außergewöhnliche Person. Zwar noch ein relativ junges Mädchen, aber eben doch auch schon jemand, mit dem er sich viel besser und intelligenter unterhalten konnte als mit anderen Modellen und Freunden. Scheu war ich ja tatsächlich nur, wenn es darum ging, mich auszuziehen. Ansonsten habe ich Herrn Kirchners Gesellschaft genossen und gern mit ihm diskutiert. Das scheint er nicht vergessen zu haben. Als er dann noch erfuhr, dass ich Lehrerin geworden bin, hat er sich wohl entschlossen, nicht nur Fränzi sondern auch mich, die damals so plötzlich entschwundene Marzella, zu besuchen. Ich hielt mich total zurück und ließ ihn reden. Heute weiß ich ja selbst, wie gut es tut, wenn man einfach mal ganz offen über Probleme sprechen kann, die einen belasten.

Er erzählte von seiner schlechten körperlichen und psychischen Verfassung, und dass er als Soldat schon 1916, mitten im Ersten Weltkrieg, etliche Nervenkrisen hatte und ausgemustert wurde. Psychiatrische Behandlungen in Berlin konnten ihn nicht heilen. Er war sogar in akuter Lebensgefahr, litt an Lähmungen der Gliedmaßen und an Bewusstseinsstörungen.

Er tat mir unglaublich leid. Glücklicherweise gab ihm die Schweiz noch während des Krieges eine Aufenthaltsgenehmigung, so dass er sich in einer Alphütte, hoch über Davos, etwas erholen konnte. Noch zu dem Zeitpunkt seines Besuchs bei uns in Dresden wohnte er dort in den Bergen mit einer Frau, die er in Berlin kennengelernt hatte. Dodo, seine Flamme in meiner Zeit, hat er angeblich nie wiedergesehen, was mich sehr erstaunte, denn damals war er ihr regelrecht verfallen.

Er gestand mir in diesem Zusammenhang, was seine Biographen später auch behaupteten, dass er nämlich nie zu echter Liebe fähig gewesen sei. Auch das trug letzten Endes zu seinen Depressionen bei."

„Und wie hat er sich Dir gegenüber verhalten?", unterbricht Gertrud die detaillierte Erzählung. „Sehr freundlich, ohne sich anzubiedern."

„Immerhin warst Du ja so um die Anfang 30, also in einem sehr attraktiven Alter für einen Lebemann wie Kirchner", wirft Gertrud ein.

„Nein, nein, das war alles sehr korrekt, kein bisschen peinlich", entgegne ich.

„Hast Du ihm denn gesagt, Zella, dass Du damals im Atelier für ihn geschwärmt hast?"

„Nein, wo denkst Du hin, Trudi? Du darfst nicht vergessen, dass ich ja eigentlich Abstand von den Malereierlebnissen gewinnen wollte, da hätte so ein Bekenntnis einen völlig falschen Eindruck hervorrufen können. Das wollte ich auf jeden Fall vermeiden, so sehr mich auch der Mensch Kirchner und sein Werk zumindest heimlich interessierte." Dann erzähle ich Gertrud von einem heiklen Schriftstück. „Später habe ich in Abhandlungen über Herrn Kirchner einen merkwürdigen Brief gelesen, den er in unserer gemeinsamen Zeit an Erich Heckel geschrieben hat. Dessen Inhalt hat mich irritiert. Bis heute kann ich ihn nicht richtig einordnen. Wenn Du willst, kann ich ihn Dir vorlesen. Das Buch habe ich griffbereit."

„Na klar, unbedingt". Gertrud ist gespannt. Ich finde die Textstelle mühelos, weil ich schon so oft in dem Buch geblättert habe.

„Also, höre zu, Trudi, was mein Maler da so zu Papier brachte: Marzella ist jetzt ganz heimisch geworden und entwickelt feine Züge. Wir sind ganz vertraut geworden, liegen auf dem Teppich und spielen. Es ist ein großer Reiz, in einem solchen reinen Weibe. Andeutungen, die einen wahnsinnig machen können. Toller als in den älteren Mädchen. Freier, ohne, dass doch das fertige Weib verliert. Vielleicht ist manches bei ihr fertiger als bei den reiferen und verkümmert wieder. Der Reichtum ist sicher größer jetzt."

Ich mache eine kurze Pause, nachdem ich das gelesen habe. So als versuche ich noch einmal, über den Inhalt nachzudenken. „Ziemlich deftig. Findest Du nicht?", frage ich Gertrud. Noch immer schaue ich nicht auf und bin voll mit dem Text beschäftigt. „Ich bin nicht sicher, ob diese Andeutungen wirklich nur mit seinen künstlerischen Ambitionen zu tun hatten oder ob mehr dahinter steckte," ergänze ich noch.

„Also, ganz ehrlich, Zella, das klingt schon so, als wollte Kirchner Dich erobern. Was natürlich bei Deinem Alter damals nicht nur anrüchig sondern sogar strafbar gewesen wäre. Immerhin warst Du noch minderjährig." Gertrud wird in ihrem Urteil immer sicherer, je länger sie den Brief analysiert.

„Weißt Du, Zella, obwohl ich viel jünger bin als Du, glaube ich, mehr Erfahrungen mit Männern zu haben. Da sind schon einige Bemerkungen dabei, die sehr sexbetont und wollüstig klingen. Da geht es nicht nur darum, Dir als Modell Dein Schamgefühl zu nehmen. Ich finde das ziemlich krass."

„Ich sehe das eigentlich genauso", stimme ich zu. „Aber ich will es nicht so richtig glauben, weil er sich mir gegenüber wirklich immer anständig verhalten hat. Auf jeden Fall habe ich es damals so empfunden. Was wir auf dem Teppich gemacht haben, waren wirklich Spiele und Tobereien, die mir sehr gefallen haben. Lustige Albernheiten, nach denen sich doch eigentlich jedes Kind sehnt. Das habe ich weder mit meinem Vater noch mit meinem Bruder erlebt. Alle Tätigkeiten, die nicht irgendwelchen geistigen oder religiösen Zwecken dienten, waren zu Hause verpönt. Im Atelier durfte ich ein ganz normales Kind sein."

„Ich verstehe Dich, Zella, aber denke bitte daran, dass Du mit fast 15 Jahren eben kein Kind mehr warst, sondern ein heranwachsendes Mädchen in der Pubertät, das möglicherweise schon erotische Empfindungen entwickelt, die ein Lustmolch wie Kirchner ausnutzen könnte."

„Hat er aber nicht." Ich möchte keine Spekulationen zulassen und mein damaliges Fehlverhalten nicht noch schlimmer machen als es wirklich war. Aber möglicherweise hatte ich nur Glück, dass ich nicht länger bei Herrn Kirchner war. Auf jeden Fall bietet der Brief auch Kunsthistorikern reichlich Stoff für Vermutungen aller Art. Quälend für mich.

„Erzähle doch lieber, wie Kirchners Besuch dann weiter verlaufen ist." Gertrud versucht, mich von den zwiespältigen Gefühlen zu befreien. Ich bin so aufgewühlt von der Diskussion um den Brief, dass es mir nicht leicht fällt, dieses Thema einfach so abzuschütteln. Aber ich will Gertrud andererseits auch nicht erneut mit meinem gestörten Seelenleben belasten, schon gar nicht jetzt, da Fränzi gerade gestorben ist. Deshalb spreche ich lieber wieder darüber, was Herr Kirchner bei seinem Besuch über Gertruds Mutter zu berichten hatte.

„Ich fragte ihn natürlich nach Fränzi, und er erzählte mir ausführlich von dem Besuch bei Euch. Er bedauerte Fränzi, dass sie zwei uneheliche Kinder hatte. Die seien aber sehr intelligent und fleißig, betonte er."

„Da hatte ich ja Glück", sagt Gertrud mit gequältem Lächeln. „Na ja, aber Fränzis Zustand hat er in den düstersten Farben geschildert. Sie sei sehr trübe und traurig gestimmt durch ihr Pech mit den Kindern. Entschuldige bitte, das ist jetzt wahrscheinlich doch zu viel für Dich, Trudi, glaube ich."
„Ganz und gar nicht! Ich möchte alles offen und ehrlich erfahren." Gertrud wirkt sehr überzeugend in ihrem Wissensdurst.

„Ja und dann hat Herr Kirchner beteuert, dass er Fränzi so sehr bedauere, dass sie es aber schwer haben würde, mit den Kindern einen Ehemann zu finden. Gott sei Dank hat er sich wenigstens in dieser Einschätzung geirrt."

„Ja, aber der Typ war für Mutter kein Gewinn," weiß Gertrud. „Wie auch immer. Fränzi habe wohl noch davon gesprochen, dass sie überall gern sein möchte, nur nicht in Dresden. Herr Kirchner hatte sogar daran ge-dacht, wenigstens Euch Kinder für gewisse Zeit zu sich in die Schweiz zu holen. Daraus wurde dann ja offensichtlich nichts."

„Stimmt," bekräftigt Gertrud, „ich weiß auch gar nicht, ob uns so ein kran-ker, unberechenbarer Mann gut getan hätte. Vielleicht hat uns unsere arme Mutter doch die nötige Nestwärme mitgegeben. Hast Du denn mal nach den anderen Malern gefragt, Zella?"

„Ja, klar, aber an denen ließ Herr Kirchner kein gutes Haar mehr. Schon wenige Jahre nach 1910 hatte sich die „Brücke" aufgelöst. Von Herrn He-ckel sprach Herr Kirchner nur als „geilem Sachsen" oder dem „beschisse-nen Heckel". Unglaublich, wenn ich daran denke, wie eng gerade die bei-den miteinander verbunden waren. Wenn Herr Heckel nicht in Dresden war, schrieb Herr Kirchner ständig Postkarten, auf denen ich dann auch Grüße und lustige Sprüche hinzufügen durfte. Engere Freunde waren kaum denkbar und dann so ein Zerwürfnis."

„ Also, Zella, Deine Freundschaft zu den Malern muss sich aber auch in der kurzen Zeit im Atelier rasant entwickelt haben. Das mit den Postkarten klingt ja sehr vertraut," meint Gertrud.

„Daran kannst Du erkennen, Trudi, wie sehr mich insbesondere Herr Kirchner beeinflussen konnte, und ich immer mehr meine anerzogenen Hemmungen verlor. Übrigens verzierte er die Rückseiten der Postkarten mit Zeichnungen, bei denen er mich bereits in ähnlichen Posen malte wie auf dem späteren Gemälde. Meist unbekleidet."

„Ganz schön mutig. Mädchenakte auf offene Postkarten zu malen, das hätte aber für die Herren Künstler gefährlich werden können". Gertrud ist zu recht erstaunt, wechselt aber schnell das Thema:

„Hast Du eigentlich mal heraus gefunden, Zella, warum es so plötzlich zu dem Bruch zwischen den Malern gekommen ist?"

Aus eigener Erfahrung und aus Abhandlungen über die „Brücke" versuche ich, plausible Erklärungen anzubieten.

„ Kunsthistoriker glauben, dass Herr Kirchner zu selbstherrlich gewesen sei und sich seinen Kollegen weit überlegen fühlte. Er beschimpfte ja tatsächlich bei unserem Treffen ganz pauschal alle anderen Maler, nicht nur Herrn Heckel, auf unflätigste Art und Weise. Er bezeichnete es als eine Schweinerei, dass er arbeite, Neues erfinde und nichts verkaufe, während die Nachtreter, wie er sie nannte, gute Geschäfte mit seinen Sachen machen, die sie stehlen. Es war schrecklich, ihm dabei zuzuhören. Die Überheblichkeit war sehr unangenehm. Irgendwo habe ich später gelesen, dass er sich als legitimen Nachfolger von Albrecht Dürer empfand. Er brüstete sich mir gegenüber geradezu damit, dass er damals, also 1926, künstlerisch wieder voller Inspirationen und für junge Schweizer Maler ein leuchtendes Vorbild gewesen sei. Kritiker, die er sonst so verachtete und verhöhnte, hätten ihn angeblich als einen der besten Schilderer der Schweizer Gebirgswelt bezeichnet.

All das erzählte er mir, ohne, dass ich ihn danach gefragt habe. Warum gerade mir? Hatte es damit zu tun, dass er mich als geistig ebenbürtig betrachtete? Wo er doch Frauen eigentlich stets nur als Beute betrachtete. Ich hätte mich geschmeichelt fühlen können, empfand aber nur Mitleid mit einem Menschen, der wahrscheinlich nicht einmal zu echter Freundschaft fähig war. Nicht nur schlimme Symptome seiner Krankheit, sondern auch deutliche Belege seiner charakterlichen Schwächen. Ich sollte wohl auf keinen Fall glauben, seine Leiden würden ihn daran hindern, weiterhin vor Kreativität zu sprühen."

Gertrud ist erschüttert über diese Schilderung. „Ist er denn noch irgendwie auf Dich eingegangen? Hat er zum Beispiel gefragt, warum Du damals nicht mehr ins Atelier gekommen bist?" „Nein", antworte ich mit einem tiefen Seufzer. „Zum Glück hat er nicht nach dem Grund der Trennung gefragt. Ich hätte nämlich nicht gewusst, was ich ihm sagen sollte. Auf keinen Fall hätte ich den ganzen Familienzoff vor ihm ausbreiten wollen. Das hätte mich viel zu sehr belastet, und es ging ihn auch absolut nichts an. Er fragte mich, ob ich wüsste, dass das Bild, das er von mir gemalt hatte, als herausragendes Kunstwerk gepriesen wird."

„Und wie hast Du reagiert?", will Gertrud wissen. „Ich nickte stumm und tat bewusst wenig interessiert. Ich war sicher, dass er mir das nur erzählte, weil er von mir bewundert werden wollte. Nein, Trudi, ich glaube, so richtig hat er sich für mein Befinden nicht interessiert. Er machte mir Komplimente und meinte, dass er leider keine so kluge Frau wie mich gefunden habe, was zu seinem Elend beigetragen hat. Aber das triefte auch nur so vor Selbstmitleid. Er war jedenfalls an diesem Nachmittag ein bedauernswerter Mensch, der es nötig hatte, zu prahlen. Vor mir, einer kleinen Lehrerin, die sich zufällig als Mädchen einige Monate in sein Atelier verirrte. Sein Selbstbewusstsein war nur Fassade, in Wirklichkeit litt er unter schrecklichen Komplexen. Er tat mir einfach nur leid."

Gertrud ist entsetzt über dieses vernichtende Urteil. „Seid Ihr etwa so auseinander gegangen, Zella?" „Nein, nicht ganz", erinnere ich mich.

„Kaum zu glauben, aber wahr. Ganz am Schluss seines Besuchs zeigte Herr Kirchner menschliche Regungen. Er wusste noch, dass ich damals häufig in der Berliner Straße auf dem Klavier der Maler gespielt hatte. Er war erstaunt über mein Niveau, aber da ich gerade vier knallharte Jahre Klavierunterricht hatte, beherrschte ich viele schwierige Stücke. Das muss Herrn Kirchner so beeindruckt haben, dass er sich noch 16 Jahren später daran erinnerte."

„Zella, bevor ich gehe, habe ich noch einen ganz großen Wunsch an Dich", sagte er mit dem charmanten Lächeln, das mir als junges Mädchen so an ihm gefiel. „Und das wäre?", fragte ich so freundlich wie möglich. „Du hast doch damals bei uns wunderbar Klavier gespielt, Zella. Kannst Du das heute noch?"

 „Ja, natürlich. Ich unterrichte Musik an der Schule und gebe privat Klavierunterricht auf dem Flügel, der dort steht." Das blitzblanke schwarze Klavier war nicht zu übersehen. Es war das edelste Mobiliar im Wohnzimmer.

„Könntest Du mir noch einmal mein Lieblingsstück vorspielen, Zella? Erinnerst Du Dich?"

„Stelle Dir vor, Trudi, ich wusste sofort, was er meinte. Robert Schumanns „Träumerei" hatte es ihm angetan. Ich glaube, ich habe Fränzi im Krankenhaus davon berichtet.

Ich weiß nicht, Trudi, ob Du dieses Stück kennst? Es ist eine Liebeserklärung von Robert Schumann an seine Frau Clara. Der Inbegriff eines romantischen Klavierstücks." „Nein, ich verstehe nicht viel von klassischer Musik", bekennt Gertrud.

„Ich war auf jeden Fall sehr glücklich, dem kranken Künstler in seinem labilen Zustand mit diesem Stück so viele Jahre später noch einmal eine kleine Freude bereiten zu können. Musik ist ja bekanntlich Balsam für die Seele. Herr Kirchner schob seinen Stuhl neben meinen Hocker, rückte ganz dicht an mich heran, ohne mich zu bedrängen. Er lauschte andächtig. So wie damals. Ich habe versucht, die „Träumerei" an diesem Tag so kunstvoll wie noch nie zu zelebrieren. Ich glaube, das ist mir gut gelungen. Der Egoist Kirchner, der sonst nur sich und seine Fähigkeiten gelten ließ, genoss meinen Auftritt wie im Trance. Er schien endlich einmal zu sich selbst zu finden. Wenigstens für die kurze Zeit meines Vortrags.

Nach dem letzten Takt haben wir beide sekundenlang geschwiegen, ehe er mich liebevoll umarmte und sich mehrmals leise bedankte. Ich spürte, dass ihn meine Interpretation der „Träumerei" tief bewegt hat, es ihm aber unangenehm war, vor mir zu viel Gefühl oder gar Rührung zu zeigen. Das war nicht sein Verständnis von Männlichkeit. Er fürchtete wohl, ich hätte ihm das als Schwäche auslegen können. Da es ihm aber sehr schwerfiel, schnell wieder die Kontrolle über sich zu finden, verabschiedete er sich kurz nach meinem musikalischen Geschenk mit dem Vorwand, er habe noch vieles in Dresden zu erledigen. Er sei ja seit 1911 kaum wieder in der Stadt gewesen, habe aber noch viele Kontakte zu Menschen, die sei Kunst als epochal empfänden und ihn gern treffen würden.

Das war dann wieder der echte Herr Kirchner, der Mann, der schwermütig wurde, wenn man ihn nicht ständig mit Lobhudeleien für seine Werke überschüttete. Ein überaus ideenreicher und doch so armer Künstler. Danach haben wir uns nicht mehr wiedergesehen."

Ich beende meinen langen Vortrag mit einem tiefen Seufzer, so als sei ich erleichtert, der Freundin als erster und einziger Person dieses pikante Geheimnis erzählt zu haben. Gertrud weiß das Vertrauen sehr wohl zu schätzen und küsst mich dankbar auf die Wange.

„Nach Mutters Erzählungen hätte ich Kirchners Charakter ganz anders eingeschätzt", flüstert sie mir zu. „Mag er auch ein großer Künstler gewesen sein, als Mensch war er wohl eine Niete. Zum Glück war Mutter wohl noch zu jung, um das mitzubekommen. Vielleicht muss man auch seine künstlerischen Ambitionen anders bewerten."

Ich reagiere erschrocken. Ich will auf keinen Fall, dass irgendein Schatten auf das Verhältnis zwischen Herrn Kirchner und Fränzi fällt.

„Trudi, ich bin sicher, dass Fränzi im Atelier und besonders im Freien an den Moritzburger Teichen genauso behandelt worden ist, wie sie es geschildert hat. Es gibt gar keinen Zweifel, dass sie ungeheuren Spaß an Herrn Kirchners spielerischer Malerei empfunden hat, so dass Fränzi später überzeugt war, mit den Künstlern die schönste Zeit ihres Lebens verbracht zu haben. Da gibt es nicht den Hauch eines Verdachts auf Kindesmissbrauch. Bei mir gab es vielleicht eine latente Begierde, die ich aber nicht spürte. Vielleicht war ich zu naiv. Fränzi war für die Maler einfach das fröhliche Kind, das sich genüsslich in Posen aller Art zeichnen ließ. Diese wunderbaren Bilder eines glücklichen Mädchens sollten wir von Fränzi immer in Erinnerung behalten. Trudi, ich wünsche Dir von Herzen, dass die Kunstwerke, zu denen Fränzi so viel beigetragen hat, für Dich in einer so schweren Zeit ein bisschen tröstlich sind.“

Gertrud laufen Tränen wie Sturzbäche die Wangen herunter, gleichzeitig verklärt sich ihr Gesicht zu einem leichten Lächeln. Fränzis Tochter ist sich jetzt ganz sicher, dass sie die kommenden harten Tage im Umfeld der Beisetzung leichter bewältigen kann als vor dem Besuch bei mir.

Als Gertrud gegangen war, und ich Zeit habe, über alles nachzudenken, was sich in den letzten Stunden ereignet hat, plagt mich zunehmend wieder einmal mein schlechtes Gewissen. Noch nie in 55 Jahren hat es so eine Konfrontation mit meinem Bruder gegeben wie an diesem Tag. Er ist doch meine wichtigste moralische Instanz, mein Ratgeber, mein Vorbild. Viel mehr als nur ein Bruder. Für mich gab es bisher nie Zweifel an dem, was Willi sagte. Schon gar nicht bei der Malereiaffäre. Bis vor kurzem war es für mich doch ganz selbstverständlich, dass ich damals einen Riesenfehler gemacht und mich versündigt habe. Jetzt plötzlich mache ich dem Bruder Vorwürfe, dass er mir die Schuld immer noch nicht vergibt. Woher dieser Sinneswandel? Was ist mit mir geschehen? Hat Gertrud mich vielleicht doch zu sehr beeinflusst? Viele Fragen, die mir durch den Kopf schießen. Kann Gertrud meinen Fall wirklich treffend beurteilen? Gibt es nicht einen großen Unterschied zwischen Fränzi und mir? Fränzi kam aus ganz anderen sozial schwachen Kreisen. Genau dort haben die Maler ihre Modelle gesucht und leicht gefunden. Fränzis Familie hatte nicht nur nichts zu verlieren, sondern profitierte sogar von der Vermietung des Kindes. Fränzis Mutter bekam Geld, das sie dringend brauchte und war vielleicht sogar stolz, dass die Künstler ausgerechnet ihre Tochter als geeignet für die Malerei aussuchten.

Ich dagegen gehörte mit meinem Bruder zur geistigen Elite, die auch eine sittliche Führungsrolle einnehmen musste. Habe ich mich verrannt? Ist das Risiko der Entdeckung meiner Jugendtorheit möglicherweise sogar größer geworden? Ich will doch alles vergessen und fühle mich stattdessen jetzt wieder mittendrin in dem Schlamassel. Was mute ich Willi zu? Woher nehme ich das Recht, meinen geliebten Bruder, der stets mein Beschützer war, für seine konsequente Haltung zu kritisieren? Er muss sich doch furchtbar verletzt und gekränkt fühlen, durch meinen für ihn völlig unerklärlichen Sinneswandel. Ich bekam große Zweifel, ob mein neuer selbstbewusster Umgang mit den Atelierausflügen wirklich angebracht ist.

Gerade hatte ich überlegt, ob ich Willi schreiben oder sogar nach Dresden fahren sollte, um mich bei ihm zu entschuldigen, als ich völlig überraschend die Nachricht erhalte, dass Willi umgehend nach Räckelwitz kommen möchte. Mein Bruder, der im Gegensatz zu mir schon über ein Telefon verfügt, hat im Sekretariat der Schule angerufen, um seinen Blitzbesuch anzukündigen. Ich reagiere verstört. Was kann er so plötzlich wollen? Mit mir abrechnen nach unserem Disput? Auf jeden Fall habe ich starkes Herzklopfen als er an meiner Wohnungstür klingelt.

Er schaut sehr ernst und hat tiefe Sorgenfalten auf der Stirn, was mich noch mehr verunsichert.

„Ich muss Dich dringend sprechen", sagt er kurz. Ohne Umschweife kommt er sofort zur Sache. „Der Bischof weiß von Deiner Modelltätigkeit bei Kirchner", sagt er. Ich erschrecke fürchterlich und werde weiß wie die Wand. „Woher will der Bischof das wissen", frage ich mit zittriger Stimme. „Er teilte mir mit, er habe Informationen, dass Du nackt gemalt worden bist." Ich kann nur noch im Unterbewusstsein reagieren. „Und von wem hat er das?"

„Zunächst sprach er von staatlichen Stellen. Auf meine Nachfrage wurde er allerdings konkreter und berichtete, dass sich die Staatssicherheit an ihn gewandt habe."

Ich schlug die Hände vors Gesicht. Natürlich hatte ich schon von verschiedenen Aktionen der Stasi in der noch so jungen DDR gehört. Mit denen war offensichtlich nicht zu spaßen. Schon wieder, denke ich verzweifelt. Ich hatte doch so große Hoffnungen auf die junge Republik gesetzt und nun das. Hatten wir nicht gerade die Gestapo der Nazizeit überstanden? „Aber was interessiert die an meinem Fall, der so lange zurückliegt?", frage ich den Bruder mit fast tonloser Stimme.

„Ich habe Dir doch schon neulich, als Du so uneinsichtig warst, gesagt, dass die neue kommunistische Regierung der Kirche sehr kritisch, wenn nicht sogar ablehnend gegenüber steht. Zwietracht zu säen und die Kirche in Verruf zu bringen, lohnt sich aus ihrer Sicht allemal. Denen geht es weniger um Dich als um mich. Die Stasi will einen Keil zwischen mich und den Bischof treiben. Wenn etwas Unmoralisches in meiner Familie passiert ist, muss sich die Kirche von mir abwenden. So jedenfalls könnten sie in ihrem kranken Hirn spekulieren. Meiner Arbeit für die Hofkirche stehen sie ohnehin sehr skeptisch gegenüber. Nur meine guten Kontakte zu den Russen haben mir bisher geholfen. Aber ehe Du Dich so erregst, Zella, lasse mich doch erst einmal erzählen, wie das Gespräch mit dem Bischof verlaufen ist."

Willi versucht mich zu beruhigen. „Du hast doch hoffentlich alles abgestritten?", sage ich zitternd. „Nein, das wollte und konnte ich nicht, Zella.

Bedenke bitte, dass der Bischof mich zum Propst bestimmt hat, und ich ein sehr enges Vertrauensverhältnis zu ihm habe."

Ich wundere mich, wie entspannt mein Bruder die dramatische Situation schildert. „Ich musste ihm die Wahrheit sagen", ergänzt Willibrord.

„Um Gottes Willen", schreie ich. War jetzt tatsächlich der Augenblick gekommen, den ich jahrzehntelang so sehr gefürchtet habe?

„Also, Gottes Wille war es sicherlich nicht, dass Du für Aktmalerei zur Verfügung gestanden hast", raunt mir Willi streng zu, „aber die Reaktion des Bischofs war auch für mich völlig überraschend." „Wieso?", frage ich gespannt. „Nun ja", sagt er und lässt mich wohl bewusst noch ein bisschen zappeln, ehe er mit dem sensationellen Ergebnis des Gesprächs herausrückt. „Der Bischof blieb ganz entspannt und erklärte mir, dass eine Episode, die in Deiner Jungmädchenphase passierte, also vor genau 40 Jahren, für ihn heute keine Bedeutung mehr habe." Ich kann es gar nicht glauben, was Willi da erzählt. Ich werde knallrot und höre seinen weiteren Ausführungen nur im Unterbewusstsein zu.

„Er sprach davon, dass er Dich schon oft an meiner Seite gesehen und stets als fromme Christin erlebt habe. Ein Vorbild für echte katholische Gesinnung. Er wusste auch, dass Du eine sehr engagierte und geachtete Lehrerin bist. Er sieht in der Denunziation nicht nur einen verwerflichen Angriff auf unsere Familie, sondern auch eine Attacke des neuen Staates auf die katholische Kirche und damit auch auf ihn persönlich. Er bestand darauf, dass wir uns nicht auseinanderdividieren lassen."

Ich bin so überrascht, dass ich mich zunächst gar nicht richtig freuen kann, sondern nur staunend zuhöre. Willi fügt noch hinzu, er habe dem Bischof erzählt, wie sehr ich damals mein Tun sofort bereut habe und wie gründlich alles familiär aufbereitet worden sei.

„Dass Du längst nicht alle Versprechen von damals gehalten hast, habe ich natürlich genauso wenig erwähnt wie Deine jüngsten Eskapaden und Verirrungen. Es ist in dieser Situation sehr wichtig für uns alle, dass der Bischof eine so gute Meinung von Dir hat. Wenn der wüsste…"

Willis kritische Untertöne am Schluss seiner Ausführungen nehme ich kaum wahr. Wichtig ist mir das Verhalten des Bischofs. Ich umarme meinen Bruder eine gefühlte Ewigkeit lang und schluchze hemmungslos. Mir ist, als würde endlich alles, was sich so lange in meinem Körper und meiner Seele aufgestaut hat, aus mir herausgespült werden. Als ich mich einigermaßen beruhigt habe und wenigstens wieder in der Lage bin, zu sprechen, frage ich Willi, wie er denn auf die Worte des Bischofs reagiert habe.

„Auch wenn ich Dein damaliges Verhalten nach wie vor als skandalös empfinde, hätte ich Deinen Ruf und den unserer Familie auf diese perfide Weise nicht beschädigen lassen. Wenn der Bischof anders entschieden hätte, wäre ich fest entschlossen gewesen, mich schweren Herzens vor Dich zu stellen, und notfalls wäre ich auch bereit gewesen, persönliche Konsequenzen zu ziehen."

„Was heißt das, Willi? Du hättest doch nicht alles hingeworfen?" „Doch, Zella, ich wäre als Propst zurückgetreten. Ganz sicher. Wahrscheinlich hätte mich der Bischof sogar darum gebeten, um Unruhe in der Hofkirche zu vermeiden. Zumal wir ja immer noch in der schwierigen Phase sind, die Zahl der Gemeindemitglieder bei uns nach den Kriegsverlusten wieder zu steigern. Nur mit Vertrauen und Glaubwürdigkeit kann unser Werben zum Erfolg führen. Skandale helfen nur den atheistischen Machthabern und ihren Handlangern. Die Stasi wollte mit diesem Vorstoß den Bischof erpressen. Aber er war stark genug, sich dem zu widersetzen. Nichts anderes habe ich von ihm erwartet, obwohl er sich denken kann, dass die Schnüffler nun erst recht weiterbohren und intrigieren werden. Auch Du, Zella, musst damit rechnen, dass Sie Deiner Schulleitung die Geschichte von damals auftischen, nachdem sie beim Bischof abgeblitzt sind."

Ich bleibe ganz gelassen. Zumindest an diesem wunderbaren Tag kann mich nichts mehr aus meiner inneren Ruhe bringen. „Ach, Willi, denke an unser Gespräch, bei dem Du so entsetzt über mich warst. Ich habe Dir damals gesagt, dass ich inzwischen viel weniger Angst vor einer Konfrontation mit meiner Vergangenheit habe. Auch in der Schule. Ich fühle mich einfach gefestigter als früher. Die Toleranz des Bischofs hat mich in meiner Einstellung bestärkt. Ich fühle mich so gut wie schon lange nicht mehr. Mir ist, als sei ich plötzlich unverwundbar."

„Frohlocke nicht zu früh, Zella, Du bist angreifbar, weil Du schuldig bleibst, und bitte unterschätze nicht die Stasi Krake." „Keine Sorge, Willi, ich passe schon auf mich auf. Aber ich frage mich natürlich, wer mich verpetzt hat."

„Hast Du einen Verdacht?", fragt Willi. „Nein, ich bin völlig ratlos. Es gibt ja nur ganz wenige Menschen, die überhaupt wissen, wer da auf dem Gemälde zu sehen ist. Der Wichtigste ist tot, Ernst Ludwig Kirchner."

„Was ist mit Fränzi und ihrer Tochter?" Mein Bruder denkt einfach laut nach. Ich bin entsetzt, dass die beiden Frauen überhaupt in diesem Zusammenhang genannt werden.

„Ausgeschlossen, völlig ausgeschlossen! Fränzi kommt sowieso nicht in Frage, und auch Gertrud, meine beste Freundin, würde mich niemals verraten. Warum sollte sie auch? Nur, weil sie in der SED ist?" „Ach, ist sie das?", fragt Willi ganz interessiert. „Ja, sie will wie ich beim Aufbau eines neuen Deutschland helfen."

„Also auch so eine Kommunistin. Die bespitzeln doch sogar Verwandte, warum nicht auch Dich?", fügt Willi spitz hinzu.

„Nein, Willi, über die beiden müssen wir gar nicht länger diskutieren. Aber vielleicht hat Gertrud eine Idee, wer dahinter stecken könnte. Ich glaube, sie ist heute Nachmittag zu Hause. Sie wollte Hefte korrigieren. Wir sollten sie aber nicht zu lange mit unserem Kram behelligen. Sie hat noch viel mit den Vorbereitungen der Beerdigung zu tun."

Da ich meinen Bruder mitbringe, kann sich Gertrud sofort denken, dass wir wegen einer wichtigen Angelegenheit gekommen sind. Wir wirken beide sehr angespannt. Gertrud ist auf einige Brisanz vorbereitet.

„Trudi, irgendjemand hat mich bei der Stasi verpfiffen. Ich bin total geplättet, obwohl es zum Glück keine bösen Folgen für mich hat. Aber das ist eine zu lange Geschichte. Die erzähle ich Dir vielleicht später. Jetzt wüsste ich erst einmal gern, wer hinter der Schweinerei stecken könnte. Von denen, die ich kenne, würde ich niemandem eine derartige Denunziation zutrauen. Hast Du irgendeine Idee?"

Gertrud erstarrt. Vieles hat sie erwartet, aber das nicht. Sie ist fassungslos über die Ungeheuerlichkeit dieser Bespitzelung und kann erst mit einiger Verzögerung antworten. „Nein, Zella, ich bin einfach nur sprachlos. Natürlich habe ich auch überhaupt keinen Verdacht, aber ich weiß ja nicht so genau, wem Du alles von damals erzählt hast."

„ Außer der Familie kannte nur Fränzi mein Kurzzeithobby und Du natürlich. Mehr Personen fallen mir partout nicht ein."

„Und die Maler? Okay, Kirchner scheidet natürlich aus, aber was ist mit Erich Heckel?", fragt Gertrud.

„Quatsch, der lebt zwar noch, aber irgendwo in Westdeutschland. Kürzlich habe ich gehört, dass er Professor an einer Akademie für Bildende Künste geworden ist. Ich glaube, in Karlsruhe. Warum sollte ausgerechnet ein „Brücke" Maler im Westen darauf kommen, dass sich die Stasi für ein Aktbild seines früheren Kumpels Kirchner interessieren könnte? Nie und nimmer. Aber Trudi, bitte verstehe mich nicht falsch: Hast Du vielleicht irgendjemandem ganz arglos von mir erzählt? Oder hat die Partei Dich ausgequetscht?" Gertrud reagiert erwartungsgemäß ziemlich beleidigt.

„Zella, jetzt höre mal auf, zu fantasieren. Ich habe Dir versprochen, niemandem von Dir zu erzählen, und Versprechen pflege ich einzuhalten."

„Ja, ja, Trudi, entschuldige, wenn ich so direkt frage, aber was ist zum Beispiel mit Deinem Mann? Weiß der von meiner Modelltätigkeit?"

„Na klar habe ich mit Georg darüber gesprochen", sagt Gertrud. „Er weiß ja auch von mir, was seine Schwiegermutter bei den Malern gemacht hat."

„Kann es sein, dass er jemandem meine Geschichte erzählt hat, der sie weitergegeben hat?" Ich hake beharrlich nach, aber Gertrud hält derartige Gedankenspiele für absurd. „Quatsch, Georg hat sich schon für Fränzis Bilder nicht ernsthaft interessiert. Er findet sie zwar ein bisschen peinlich, hat mit Mutter aber kaum darüber gesprochen. Zella, denke daran, er ist Bauarbeiter. Da hat man andere Themen als Kunst."

„Na, nun mal ehrlich, Trudi, nackte Frauen sind doch gerade in diesen Kreisen ein beliebtes Gesprächsthema," entgegne ich. „Du sagst zu Recht Frauen. Für nackte Kinder interessieren sich nur Pädophile," meint Gertrud. „Georg ist nicht nur ein Kunstmuffel, sondern auch ein völlig unpolitischer Mensch. Er ist zwar sehr einfach gestrickt, aber charakterlich einwandfrei, vielleicht anständiger als gebildetere Männer. Ein Denunziant ist er ganz und gar nicht."

Willi hört unserem Dialog bisher nur schweigend zu. Jetzt aber glaubt er eingreifen zu müssen. „Also, ich denke, es bringt überhaupt nichts, weiter darüber zu spekulieren, wer die Stasi informiert haben könnte. Der- oder Diejenige wird sich freiwillig ohnehin nicht melden."

Ich stimme sofort zu. „ Wir sollten Gertrud wirklich nicht länger mit meinen alten Geschichten quälen, sondern lieber über ihre Probleme sprechen."

„Genau das würde ich gern tun," sagt Willi mit forscher Stimme. „Ich wollte Sie, liebe Frau Arlt, nämlich fragen, wie und wo die Beisetzung Ihrer Frau Mutter erfolgen soll. Sind Sie evangelisch oder katholisch?" Mein Bruder

hat einen wunden Punkt getroffen. „Genau das ist das Problem, Herr Sprentzel." Es fällt Gertrud schwer, darüber zu sprechen. „Meine Mutter wurde meinetwegen aus der katholischen Kirche vertrieben, weil ich ein uneheliches Kind bin, das Mutter auch noch als Minderjährige mit 17 Jahren bekam. Dass auch meine acht Jahre später geborene Schwester unehelich war, machte die Sache noch schlimmer." Gertrud ist immer noch verbittert über die Hartherzigkeit der Kirche, wenn sie darüber spricht. „Das ist ein Grund, warum ich die Moralpredigten vieler Pastoren für verlogen halte und auch selbst nie wieder den Kontakt zur Kirche gesucht habe. Anstatt Seelsorge zu betreiben, werden Menschen, die durch Fehler oder widrige Umstände in Not geraten sind, hemmungslos ausgegrenzt. Um Ihre Frage zu beantworten, Herr Sprentzel: Ich werde mir wohl einen Laienprediger suchen, denn eine vernünftige Beisetzung hat meine Mutter wahrhaftig verdient." Gertrud wird wieder von ihren Gefühlen geschüttelt und sucht weinend Schutz an meiner Schulter.

Willi hat aufmerksam zugehört mit einem gewissen Verständnis für Gertruds Zorn auf die katholische Kirche der Zwanziger Jahre. Plötzlich sagt er: „Also, Frau Arlt, jetzt spreche ich zu Ihnen nicht als Propst sondern als Caritas-Direktor. Der war ich nämlich, neben meiner Tätigkeit als Pfarrer, ausgerechnet in der grausamen Zeit des Zweiten Weltkrieges 1939 bis 1945. Sie können sich vorstellen, wie schwierig es war, den Spagat hinzubekommen zwischen den misstrauischen Nazibehörden und den Menschen, denen ich helfen wollte. Da musste ich häufig bei noch viel komplizierteren Fällen Beistand leisten. Wissen Sie, die Caritas definiert sich über die Nächstenliebe zu den Menschen, unabhängig von ihrer Weltanschauung und Religion. Haben Sie gehört, Frau Arlt? Unabhängig von ihrer Religion, und das, obwohl die Caritas eine katholische Organisation ist. Jetzt staunen Sie wahrscheinlich, liebe Frau Arlt, dass auch wir Katholiken gern Menschen in Not helfen. Besser gesagt: Gerade wir Katholiken möchten das. Nicht nur Frömmigkeit und Bibeltreue praktizieren wir, sondern eben auch Nächstenliebe für jedermann. Und die brauchen Sie jetzt ganz dringend." Willi ist voll in seinem Element. Er will Gertrud klarmachen, dass das kirchliche Verhalten Fränzi gegenüber nicht die Regel ist, sondern eine bedauerliche Ausnahme aus einer Zeit, als viele Kirchenfürsten erbarmungslos christliche Werte ignorierten.

Am Schluss seiner Ausführungen ergreift der Propst Gertruds Hand, schaut ihr tief in die Augen und sagt:

„Ich biete Ihnen an, den Bestattungsgottesdienst für Ihre Mutter auszurichten." Ehe Gertrud und ich auf diese außergewöhnliche Offerte reagieren können, fügt Willi noch hinzu: „Das geht natürlich nicht in meiner Hofkirche. Aber ich habe gute Kontakte zu etlichen Kollegen in Dresden, bei denen eine Trauerfeier ohne Liturgie und streng katholische Zeremonie möglich ist."

Gertrud ist fassungslos vor Freude. Sie schaut Willi glücklich an und jauchzt dabei. Fast hätte sie es gewagt, meinen Bruder zu küssen. So ein Angebot hatte sie nie und nimmer erwartet. Ich auch nicht. „Das willst Du wirklich tun, Willi, Du bist einfach großartig", lobe ich ihn und füge noch hinzu:

„ Ich weiß, dass Dir das ganze Theater um meine Person nicht leicht fällt. Aber ich wusste immer: In entscheidenden Momenten ist auf Dich Verlass."

Inzwischen kann auch Gertrud auf die Liebenswürdigkeit meines Bruders reagieren. „Ich glaube an Wahrnehmungen nach dem Tode", sagt sie „und deshalb wird meine Mutter Fränzi dank Ihrer noblen Geste spät aber doch endlich Frieden mit ihrer eigentlich so geliebten Kirche schließen können. Danke, Herr Sprentzel!"

Die Trauerfeier findet an einem heißen Juni Tag auf dem äußeren Brießnitzer Friedhof in Dresden statt. Gertrud begrüßt die zahlreichen Geschwister ihrer Mutter erstaunlich reserviert. Sehr eng kann der familiäre Zusammenhalt nicht sein, denke ich mir. Zu diesem Eindruck passt es, dass Gertruds Schwester nicht erschienen ist. Aber ich bin vor allem daran interessiert, endlich Gertruds Mann Bruno kennenzulernen.

Er ist rein äußerlich das genaue Gegenteil der kleinen, schlanken Gertrud, die in dieser schweren Zeit noch zerbrechlicher wirkt als sonst. Ein großer muskulöser Mann, mit breiten Schultern und riesigenrauen Händen. Man kann ihn sich gut als Bauarbeiter vorstellen. Insgesamt macht der Mann mit dem welligen Haar in seinem schwarzen Anzug und der dunklen Krawatte durchaus einen gepflegten Eindruck. Nachdem Gertrud mich mit Bruno bekannt gemacht hat, blicke ich so tief wie möglich in seine stahlblauen Augen, um in ihnen lesen zu können, ob er mich möglicherweise bei der Stasi verraten hat.

Mir wird sofort klar, wie absurd das ist, denn ich weiß natürlich, dass niemandem seine Gesinnung ins Gesicht geschrieben ist, auch Gertruds Mann nicht. Außerdem bin ich es Fränzi schuldig, mich jetzt auf nichts anderes als den Gottesdienst zu konzentrieren. Das gelingt mir auch mühelos, als Willi vor die Trauergemeinde tritt. Ich weiß ja, dass er ein begnadeter Prediger ist und die Menschen mit seinen Worten fasziniert. Deshalb bin ich sicher, dass er auch in dieser außergewöhnlichen Situation den richtigen Ton treffen wird.

Was dann aber geschieht, macht mich sprachlos, denn Willi verzichtet tatsächlich nicht nur, wie er es angekündigt hat, auf einen liturgischen Rahmen, sondern es wird auf einfühlsame Weise eine ganz persönliche, von Herzen kommende bewegende Ansprache. Niemand, der dabei gewesen ist, wird diese Momente je vergessen.

„Lina Franziska Fehrmann, die alle hier nur unter dem Namen Fränzi kennen, hatte als jüngstes von 12 Kindern ein schweres, viel zu kurzes Leben", beginnt mein Bruder, der völlig frei ohne Manuskript spricht und dabei fast die gesamte Zeit Gertrud liebevoll ansieht.

„Bei Fränzis Geburt war ihre Mutter bereits 40 Jahre alt, was damals, im Jahr 1900, ein noch viel größeres Risiko war als heute. Was für ein spätes Gottesgeschenk. Die große Familie hat zwei Weltkriege erlebt. Fränzi ist im Februar 1945 dem Inferno in Dresden knapp entronnen. Sie rettete ihre Großnichte Margit, die sie stets Mama nannte, vor den Flammen.

Fränzis betagte Mutter weigerte sich, die Wohnung zu verlassen und musste die häusliche Verbundenheit mit dem Leben bezahlen. Fränzi ist über die schrecklichen Umstände des Todes der geliebten Mutter nie hinweggekommen. Sie machte sich sogar Vorwürfe, vielleicht am Ende nicht alles für die Mutter getan zu haben, die stets versuchte, für ihre Kinder da zu sein. Auch gerade für Fränzi. Aus größter finanzieller Not entstand eine Zeit, die Fränzi später als die schönste in ihrem Leben bezeichnete. Sie wurde als zehnjähriges Mädchen von bekannten Malern portraitiert, die dafür ein großzügiges Honorar bezahlten. Fränzi schloss Freundschaften im Atelier, hatte Spaß und bekam warme Mahlzeiten. Sie erwies sich als außerordentlich talentiert für die Ambitionen der Künstler. Es entstanden Bilder, die noch heute als Meisterwerke gelten.

Liebe Trauergemeinde, es ist für viele nicht leicht, kindliche Aktmalerei zu akzeptieren. Schon gar nicht für uns Priester. Auch nicht für mich persönlich. Das nackte Kind bei fremden Männern entspricht nicht unserem Keuschheitsideal. Die Gefahr des Missbrauchs ist riesengroß und häufig zu beklagen. Aber hüten wir uns davor, einen Generalverdacht zu äußern. Das wäre viel zu pauschal. Nur eine Einzelfallbetrachtung kann weiterhelfen. Manche Empörung ist pure Heuchelei. Fränzi zum Beispiel schwärmte davon, dass sie nicht nur korrekt sondern auch liebevoll behandelt wurde. Das Vertrauen der armen Mutter in die Maler ist offensichtlich belohnt worden.

Fränzi aber ist bald darauf geächtet worden, denn sie wurde schon mit 17 Jahren Mutter einer Tochter. Unehelich. Ein Riesenmakel sicherlich. Aber auch hierbei sollte man die widrigen sozialen Verhältnisse berücksichtigen, ehe man urteilt. Am Ende können doch alle glücklich sein, dass an diesem 12. Oktober 1917 Tochter Gertrud das Licht der Welt erblickte. Insbesondere Fränzi hatte in Ihnen, liebe Frau Arlt, eine großartige Stütze, einen Menschen, der ihr in schweren Zeiten persönlicher Krisen Halt gab. Bis zum Schluss haben Sie sich aufopferungsvoll um Ihre Mutter gekümmert und versucht, Fränzis Leid, so gut es ging, ein wenig zu lindern.

Unsere Kirche hat Fränzi verstoßen, zumal sie noch ein zweites uneheliches Kind bekam. Dieser Bann war aus heutiger Sicht ein großer Fehler, denn Fränzi war ein Mensch, der sehr gläubig war, aber sich für ein geordnetes Leben nicht als geeignet erwies. Die Kirche hätte Fränzi Hilfe anbieten müssen, anstatt sie zu ächten. Man muss leider feststellen, dass diese unversöhnliche Haltung Fränzi traurig, missmutig, ja sogar krank werden ließ. So etwas darf sich heutzutage nie mehr wiederholen. Im Namen der katholischen Kirche bitte ich Sie, Frau Arlt, als Fränzis Tochter um Verzeihung. Möge es ein Trost für Sie und Ihre Familie sein, dass der Name Fränzi in Künstlerkreisen für immer einen herausragenden Klang haben wird. Die großartigen Bilder erinnern nicht nur an Ihre Mutter, nein, sie lassen sie auf ewig lebendig bleiben, in einer Zeit, als sie sich als Naturtalent für die Malerei der Künstlergruppe „Brücke" erwies. So wollen wir sie in Erinnerung behalten. Lina Franziska Fehrmann möge in Frieden ruhen. Lassen Sie uns für Fränzi beten."

Nach dem Gebet bleiben die Trauergäste noch minutenlang andächtig stehen und versuchen, die ungewöhnliche Predigt des Propstes zu verarbeiten. Das gibt es nicht sehr oft, dass ein hoher Würdenträger der Kirche so selbstkritisch mit dem Verhalten seiner Vorgänger umgeht. Die meisten sind sich der besonderen Bedeutung der Traueransprache bewusst und tief beeindruckt, aber viele fragen sich auch, warum sich der Propst gerade bei Fränzis Beerdigung so anklagend gegen die eigene Kirche äußert. Die würde sich doch heute in ähnlichen Fällen genauso verhalten wie damals. Außerdem kannte der Geistliche Fränzi doch gar nicht richtig, er ist doch lediglich der Bruder der Freundin von Fränzis Tochter.

Sein außergewöhnliches Engagement bleibt für die meisten Trauergäste unerklärlich. Nur Gertrud und ich können Willis Verhalten verstehen. Dabei kann ich es immer noch nicht glauben, was mein Bruder da so offen ausgesprochen hat. Hat Willi in einigen Phasen seiner Predigt, als er von Fränzi sprach, möglicherweise sogar mich gemeint? Das klang manchmal wie eine Abkehr von seiner unversöhnlichen Haltung. Sprach er nicht von einem falschen Generalverdacht gegen Künstler und dass man jeden Einzelfall beurteilen muss? Das konnte doch auch auf mich gemünzt sein. Angesichts jahrzehntelanger Kontroversen bin ich dann doch wieder ganz schnell voller Zweifel. Vielleicht ist ja Fränzi der Einzelfall, der entschuldbar ist, weil sie auch die notleidende Mutter mit ihrer Modelltätigkeit finanziell unterstützte. Möglicherweise ist meine Torheit aus Willis Sicht nach wie vor ein schweres Vergehen, das mich zu Recht belastet. Er sprach ja auch neulich wieder von meiner Schuld, die nicht vergeht.

Ich versuche mich auch am offenen Grab voll auf Fränzi zu konzentrieren, ihr einen letzten Gruß zu senden, doch das gelingt mir nur mühsam. Immer wieder rufe ich mir die Ansprache des Bruders Wort für Wort in Erinnerung und bemühe mich, sie in meinem Sinne zu interpretieren.

Viele Trauergäste kommen nach der Beisetzung auf mich zu, um meinen Bruder in den höchsten Tönen für seine denkwürdige Rede zu loben und sich bei mir zu bedanken, so als hätte ich Willi bei der Konzeption der Predigt geholfen. Es klang ja wirklich alles so vertraut.

Ich frage mich, woher mein Bruder eigentlich so viele Einzelheiten aus Fränzis Leben kennt. Er hatte sich offensichtlich akribisch vorbereitet und musste mehrfach mit Gertrud gesprochen haben. Allein die Tatsache, dass er sich so viel Mühe gegeben hat, war für mich wieder einmal ein Liebesbeweis des bewunderten Bruders. Ich bin wie so oft stolz auf ihn, egal, ob er mir verzeihen kann oder nicht.

Ganz zum Schluss nimmt Willi Gertrud liebevoll in den Arm. Da huscht ein erleichtertes Lächeln über ihr tränengetränktes Gesicht. Seine tröstenden Worte scheinen angekommen zu sein.

Ich versuche genau diese Anerkennung für Willi auch ein bisschen für mich selbst zu genießen. Das will ich von dieser eigentlich so traurigen Zusammenkunft auf dem Friedhof mitnehmen. Ich bin inzwischen sicher, dass die feierliche Stimmung nicht dadurch getrübt werden darf, dass ich Willi etwa danach frage, ob ich vielleicht auch ein entschuldbarer Einzelfall sei. Ausgeschlossen. Es gilt die Würde des Augenblicks zu wahren.

Nach der Beisetzung bittet Willi mich sowie Gertrud und ihren Mann Bruno noch zu einer kleinen Zusammenkunft ins Gemeindehaus der Hofkirche. Dort ist bereits alles für eine behagliche Kaffeetafel vorbereitet. Ich sitze Bruno genau gegenüber und ertappe mich wieder dabei, dass ich ihn prüfend ansehe, ob ich ihm eine Spitzelrolle zutrauen würde. Es kommt doch sonst fast niemand für einen Verrat in Frage. Ehe ich mich über mein selbstzerfleischendes Misstrauen ärgern kann, bittet mich mein Bruder um ein Vieraugengespräch. Was soll das bedeuten? Ich ahne nichts Gutes. Willi aber kramt einen Briefumschlag hervor und überreicht ihn mir mit den Worten: „Das ist für Dich, Zella."

Ich schaue meinen Bruder fragend an. Dann die Riesenüberraschung. „Einladung nach Stockholm" steht da in großen Buchstaben. Mein Herz klopft. Ich ahne sofort, worum es geht. Aus der DDR kann man zu dieser Zeit noch in den Westen reisen, aber nur die wenigsten können sich das leisten. Dazu gehört vielleicht mein Bruder wegen seiner klerikalen Privilegien.

„Weißt Du es?", frage ich Willi. „Nun, ich lese ja Zeitung. Da steht zum Glück nicht nur der ideologische Schwachsinn drin, sondern manchmal auch Interessantes", erwidert Willi. „Zum Beispiel, dass Dein Bild jetzt in einem Stockholmer Museum hängt. Ich habe mit einem Kollegen von Caritas Sverige gesprochen, den ich aus meiner Zeit als Caritasdirektor hier in Dresden kenne. Er sagte mir, dass der Ankauf dieses Gemäldes große Aufmerksam in Stockholmer Kunstkreisen hervorgerufen habe."

„Und hast Du ihm alles erzählt?", will ich wissen. „Er fragte mich natürlich, warum ich auf einmal so an Malerei interessiert sei. Ich habe ihm geantwortet, dass mich alles interessiert, was mit Dresden zu tun hat. Von Dir natürlich kein Wort, denn ich glaube, dass man in vielen Kirchenkreisen, egal in welchem Land, nach wie vor wenig Verständnis für Deine Jugendsünde aufbringen und meine Vorbehalte teilen würde. Nicht jeder würde so entspannt reagieren wie der Bischof."

„Aber Du verzeihst mir doch inzwischen?", frage ich gespannt. „Ach weißt Du, Zella, das ist nicht so wichtig. Gott muss Dir verzeihen, und er wird es vielleicht tun, weil er gütig ist und viele Sünden vergibt."

Ich strahle befreit. Mehr kann ich nicht erwarten. „Aber wie kommen wir denn von hier aus der DDR nach Stockholm? Ist das nicht furchtbar teuer?", äußere ich ernsthafte Bedenken. Willi aber hatte alles längst geplant.

„Wir fahren von hier nach West- Berlin, das ist für uns kein Problem. Von dort fliegen wir nach Stockholm. Das Finanzielle lasse mal meine Sorge sein. Ich habe ja durch meine vielen Auslandsaufenthalte ein paar Devisen gebunkert. Schlafen können wir bei dem schwedischen Caritaskollegen."

Das ist alles so überwältigend, dass ich kaum ein vernünftiges Wort des Dankes herausbringe. Dabei bin ich so glücklich wie nie in den letzten Jahrzehnten.

In den nächsten Tagen schwebe ich auf Wolke 7, ehe ich jäh aus den Träumen gerissen werde. Mir wird mitgeteilt, dass sich der Schulamtsleiter aus Kamenz angesagt habe und mich in Gegenwart des Rektors und des Vertrauenslehrers sprechen möchte. Der Schreck fährt mir durch alle Glieder. Hat die Stasi vielleicht tatsächlich auch das Schulamt informiert, um mich zu denunzieren und meinen guten Ruf und den meines Bruders zu zerstören? Wie würden die Behörden reagieren? So gelassen wie der Bischof oder mit der moralischen Keule?

Ich denke wieder daran, dass ich die „Brücke" Episode nicht im Personalbogen angegeben habe. Die Euphorie, die ich gerade noch empfunden habe, ist wieder der Angst um den Job und der Sorge um meinen Bruder gewichen. Nervös betrete ich das Rektoratszimmer.

Die drei Herren begrüßen mich einigermaßen freundlich und bitten mich, Platz zu nehmen. Ich versuche in ihren Gesichtern zu lesen, was auf mich zukommen könnte. Aber ich blicke eher in ausdruckslose Amtsminen.

„Verehrtes Fräulein Sprentzel", beginnt der Schulamtsleiter seine Ausführungen. „Zwei Jahre sind jetzt seit Ihrer Rehabilitierung vergangen. Die Lehrerlaubnis haben wir damals mit einiger Skepsis erteilt." Jetzt geht es los, fürchte ich und erwarte ein Bündel an Vorwürfen. Aber es kommt ganz anders.

„Ich bin gekommen, um von den Kollegen zu hören, ob Sie sich als Lehrerin bewährt haben", fährt der Behördenchef fort. „Und in der Tat: Der Rektor ist sehr zufrieden mit Ihnen. Sie seien eine gute Pädagogin, die sich sowohl bei den Schülern als auch im Kollegium großer Beliebtheit erfreut." Die Vertrauenslehrerin nickt zustimmend. Der Schulamtsleiter vergisst nicht den kostenlosen Klavierunterricht zu erwähnen.

„Insgesamt machen Sie mehr als nötig. Sie haben unser Vertrauen gerechtfertigt", rundet der Mann aus Kamenz sein Urteil ab. Habe ich also wieder einmal Gespenster gesehen? Für den Augenblick kann man die Steine hören, die mir vom Herzen fallen. Aber das Gespräch ist noch nicht zu Ende, denn jetzt wird es politisch.

„Wir leben ja seit kurzem in einem neuen Deutschland, der DDR, einem antifaschistischen Staat, der auch die Jugend zu guten Sozialisten und Kommunisten erziehen möchte", spricht der Schulamtsleiter mit einem schrecklich gekünstelten feierlichen Unterton. „Wie stehen Sie, Fräulein Sprentzel, zu den Zielen der Parteiführung?", fragt er mich mit stechendem Blick. Ich bin so erleichtert, dass es nicht um meine persönlichen Probleme sondern um Gesinnungsfragen geht. Auf diesem Gebiet scheue ich keine Diskussion.

Ich weise zunächst darauf hin, dass ich ja bereits bei meinen Gesuchen um Wiedereinstellung geschrieben habe, wie gern ich am Aufbau eines demokratischen Deutschland mitarbeiten möchte, zumal ich ja auch die NS-

Pädagogik nachweisbar total abgelehnt habe, was bei der Suspendierung leider völlig ignoriert wurde. Der oberste Schulwächter des Bezirks hakt nach und fragt, ob ich in die Partei der Arbeiterklasse, die SED, eintreten möchte. Darauf bin ich gut vorbereitet und erwidere:

„Sehen Sie, mein Bruder und ich sind bereits CDU-Mitglieder. Das ist für uns als Christen die geeignete Partei. Deshalb waren auch meine Eltern schon vor der Nazizeit im Zentrum. Sie wissen ja, dass auch die CDU die Ziele unseres Staates unterstützt."

Dem konnte der Schulamtsleiter nicht widersprechen, sagt aber mahnend: „Keiner will Ihnen Ihren christlichen Glauben nehme, aber hoffentlich versuchen Sie, Ihre Schüler nicht zu sehr religiös zu beeinflussen."

„Ich bin keine Religionslehrerin, sondern ich unterrichte bekanntlich Französisch und Musik." Mit diesen Worten versuche ich, den latenten Vorwurf abprallen zu lassen.

„Na ja", setzt der Schulaufseher noch einmal an. „Sie würden schon unserer Sache dienen, wenn Sie bei den Schülern für die FDJ werben würden. Das ist für die meisten anderen Kollegen übrigens eine Ehrensache. Da lernt unsere Jugend nämlich den marxistisch leninistischen Klassenstandpunkt."

Ich bleibe ganz ruhig. „Sie wissen ja, dass hier in Räckelwitz sehr viele Sorben leben, und deshalb auch sehr viele sorbische Kinder unsere Schule besuchen. Die haben ihre eigene Jugendorganisation. Die Sorben sind ja so stolz, dass sie jetzt in unserem neuen demokratischen Land endlich wieder ihre eigene Kultur und Sprache pflegen können. Die fühlen sich regelrecht befreit."

Der überzeugte Kommunist gibt nicht auf. „Dann kennen Sie sicherlich die Domowina?" „Natürlich, das ist die politische Interessenvertretung der Sorben. Mit denen habe ich oft hier im Dorf zu tun", erwidere ich. „Na, sehen Sie, die Domowina hat gleich nach Kriegsende die Zeichen der Zeit richtig erkannt und sich zunächst der KPD angeschlossen. Später hatten sie dann klugerweise auch der historischen Vereinigung von SPD und KPD zur SED zugestimmt", weiß der Schulamtsleiter. Mein Gegenüber rundet seine Indoktrinationsversuche ab mit den Worten: „Es wäre also dringend geboten, Fräulein Sprentzel, dass sie auch die sorbischen Kinder zu guten sozialistischen Staatsbürgern erziehen." „Damit habe ich kein Problem", antworte ich mit fester Stimme.

Bis dahin ist auch das politische Gespräch sehr sachlich verlaufen. Ich bin aber immer noch nicht sicher, ob ich nicht doch noch mit den Stasi Informationen zu meiner Person konfrontiert werde. Hätte mein oberster Dienstherr das aber nicht zu Beginn der Unterredung mitgeteilt anstatt mich zu loben? Ich fühle mich wie so oft zwischen Hoffen und Bangen. Eigenartigerweise aber bin ich bei dem Gedanken, dass das Bild von 1910 noch zur Sprache kommen könnte, gelassener als früher. Ich zittere nicht mehr und habe mir entlastende Sätze zurechtgelegt, falls die Besuche bei Herrn Kirchner zur Sprache kommen sollten. Ich will mich nie mehr erniedrigen lassen. Das zumindest ist mein Plan.

Aber von meinem Gemälde ist nach wie vor nicht die Rede. Der Schulamtsleiter spricht vielmehr davon, dass die Bewährungszeit jetzt beendet sei, und ich fortan ein vollwertiges Mitglied des Lehrerkollegiums werde.

Ich bin natürlich hoch erfreut, denn das ist mir in der Tat das Wichtigste: Ich, die Lehrerin mit Leib und Seele will weiterhin stets nur für meine Kinder da sein, und vielleicht ist das ja jetzt wieder ungestört möglich. Ich atme spürbar auf.

Als wir das Rektorat verlassen, läuft der Schulamtsleiter genau neben mir her. Plötzlich, nachdem er sich umgesehen hat, ob uns niemand hören kann, flüstert er mir spöttisch zu: „Also, Fräulein Sprentzel, so eine wilde Jugend hätte ich Ihnen gar nicht zugetraut." Ich zucke einen Moment zusammen, während er grinsend hinzufügt: „Und das bei dem Elternhaus. Kein Wunder, dass Sie damals so fromm geworden sind." Spricht es und läuft laut lachend schnell auf die andere Straßenseite zu seinem kleinen Auto. Er winkt mir zum Abschied sogar noch freundlich zu.

Bevor er losfährt, öffnet er noch das Wagenfenster und ruft mir zu: „In Zukunft sollten Sie sich vielleicht ganz genau überlegen, wem Sie vertrauen können." Dann knattert sein lauter Viertakter davon. Ich werde umnebelt von einer übel riechenden schwarzen Auspuffwolke. Er weiß also alles, ist mein erster Gedanke. Vielleicht sogar, wer mich denunziert hat. Es klang ja fast so, als käme diese Person aus meinem Umfeld. Aber ganz ehrlich, es interessiert mich eigentlich nicht mehr so brennend wie noch vor kurzem. Der Verräter soll mit seiner Ruchlosigkeit selbst fertig werden. Ich staune über meine Gelassenheit.

Früher hätte ich in einer derartigen Situation sofort die Fassung verloren und das Schlimmste befürchtet. Jetzt aber bin ich ziemlich schnell in der Lage, alles realistisch zu analysieren. Es war mir doch gleich klar, dass ein politisch so bedeutender Mann wie der Chef einer Schulbehörde auch über mein Malereiabenteuer informiert wurde. Eigentlich selbstverständlich in einem Staat, der über seine Bürger alles, aber auch alles akribisch zusammenträgt. Wichtig für mich ist aber doch nur die Tatsache, dass der Schulamtsleiter das wohl eher als eine lustige Jugendepisode empfindet, die heute offensichtlich keine Bedeutung mehr für meine Lehrtätigkeit hat. Sonst hätte er sich ganz anders geäußert. Zu einer solchen Schlussfolgerung wäre ich vor kurzem noch nicht in der Lage gewesen.

Ich frage mich natürlich auch, wie ich reagiert hätte, wenn mein Vorgesetzter mich konkret nach dem Aktbild gefragt hätte. Ich weiß es nicht. Hätte ich den Mut zu einer offenen Diskussion der Problematik gehabt und deutlich darauf hingewiesen, dass ich meine Strafe längst verbüßt habe? Keine Ahnung. Vielleicht ist es ganz gut, dass ich mich in meiner neuen Rolle nicht bewähren musste. Mir wird gerade nach den flapsigen Bemerkungen des Schulamtsleiters immer klarer, dass die Stasi mit ihrer Mitteilung an den Bischof vor allem meinem Bruder und dessen Reputation schaden wollte. Zumal Willi aus seiner antikommunistischen Einstellung von Anfang an keinen Hehl gemacht hat, was ich stets als gefährlich empfand. Aber Willi ist halt ein Dickschädel. Angst wie sie mich häufig befällt kennt er nicht. Er kooperiert nur mit den staatlichen Stellen, wenn es für den Aufbau der Hofkirche notwendig ist.

Bin ich als Lehrerin also für die Stasi uninteressant, und war das Gemälde nur Mittel zum Zweck bei dem Versuch, Willi vor seinen Glaubensbrüdern und -schwestern zu verunglimpfen? Je mehr ich an diese Version meiner Geschichte glaube, umso mehr gelingt es mir, endlich meinen inneren Frieden zu finden. Als hätte ich eine erfolgreiche Therapie absolviert. Hatte ich mich etwa völlig zu Unrecht ein Leben lang vor der Entdeckung einer Lappalie gefürchtet? Hätte sich möglicherweise außer meiner Familie niemand, der mein Leben beeinflussen konnte, dafür interessiert? Wäre es nur eine Klatsch- und Tratsch Geschichte für eine prüde Gesellschaft mit schmutzigen Phantasien geworden? Egal, es wurde wider Erwarten erneut ein großartiger Tag für mich.

Der Führer im Moderna Museet in Stockholm spricht immer noch vor der deutschen Besuchergruppe über mein Gemälde. Mein Bruder und ich stehen zwar etwas abseits dahinter, aber wir können das Bild trotzdem gut sehen. Es ist so geschickt in der Mitte des Raumes aufgehängt, dass es für alle ein Blickfang ist, egal, von wo sie es betrachten.   Vor allem aber hören wir dem Experten gespannt zu.

„Lassen Sie mich noch einige Anmerkungen zu diesem Kunstwerk machen. Ernst Ludwig Kirchner ging es nicht nur um die äußere Abbildung eines Menschen, sondern auch um das Erfassen des eigentlichen Wesens, seine Gefühlswerte. Aktdarstellungen, in denen ein Verständnis von Kunst als ästhetischer Umsetzung eines sinnlichen Erlebnisses zum Ausdruck kommt. Ich denke, diese Absicht hat er bei dem „Marzella" Gemälde hier besonders gut verwirklicht. In seinem Atelier in Dresden schuf Kirchner einen Ort, an dem die Nacktheit bei der Umsetzung seiner Vorstellung vom Urzustand des natürlichen Menschen ihren legitimen Platz finden sollte."

Aus dem Publikum gibt es die Zwischenfrage einer jungen Frau: „Ist das, was Kirchner und seine Kollegen da gemacht haben, nicht Kindesmissbrauch? Ich meine, nackte Kinder im Atelier, das ist doch zumindest sehr anrüchig!"

Der Führer ist mit dieser Frage offensichtlich schon häufig konfrontiert worden, denn er antwortet sofort druckreif:

„Nein, keineswegs! Sehen Sie, nachdem der weibliche Akt über lange Zeiten die erwachsene Frau gestaltete, wagten die „Brücke" Künstler das nackte Mädchen, in dem die Frau schlummerte, zu gestalten. Es waren künstlerische Rebellen, die sich vom Korsett der wilhelminischen Gesellschaft befreien wollten. Auch Munch, Gauguin, Kokoschka und Corinth malten nackte, pubertierende Mädchen. Es war also in der Welt der Malerei durchaus zeitgemäß."

Ein älterer männlicher Besucher empört sich trotzdem:

„Also, kindgerecht wirkt das nicht. Wurde hier nicht deren Unschuld ausgenutzt? Schauen Sie doch mal, wie schamhaft und scheu die Marzella aussieht. Sie scheint sich nicht gerade wohlgefühlt zu haben."

Auch darauf reagiert der Führer professionell: „Marzella wurde mit Sicherheit nicht gezwungen, sich so malen zu lassen. Sehen Sie bitte noch einmal genau hin. Gibt nicht gerade das natürlich Schamgefühl der Heranwachsenden diesem Bild seine große Ausdruckskraft? Außerdem sagte ich ja schon, dass man nicht genau weiß, ob es eine Marzella wirklich gab, oder ob sie nur in Kirchners Phantasie existierte.

In diesem Moment habe ich den Mut, mich zu Wort zu melden.

„Doch, doch!" sage ich. Es gibt die Marzella. Ich kenne sie und weiß, dass sie gern zu Kirchner ins Atelier ging, sich aber später dafür schämte und deshalb noch Jahrzehnte später ständig von Schuldgefühlen gequält wurde, die vorwiegend von außen an sie herangetragen wurden."

Willi hört schweigend zu. Sein Gemütszustand ist nicht zu erkennen. Ich bin aber ziemlich sicher, dass er inzwischen ein bisschen mehr Verständnis für meine Situation aufbringt, sonst hätte er mich nicht nach Stockholm eingeladen.

Der Museumsführer reagiert geradezu elektrisiert auf meine Worte: „Das ist ja unfassbar, dass es Marzella wirklich gibt, und Sie sie kennen. Ich bin sprachlos. Haben Sie noch Kontakt zu Ihr? Wo lebt sie denn heute?"

„Sie wohnt in der DDR, in einem kleinen sächsischen Dorf, in dem vorwiegend Sorben leben." Der Führer ist erstaunt. „Wer oder was sind Sorben? Davon habe ich noch nie gehört." Ich lächle. „Das ist eine kleine Volksgruppe in der Ober- und Niederlausitz, die schon sehr oft gegen ihre Ausgrenzung kämpfen musste. Da Marzella dieses Gefühl seit 40 Jahren kennt, fühlt sie sich im Kreis der Sorben besonders wohl und setzt sich aktiv für deren Autonomie in der Deutschen Demokratischen Republik ein. Marzellas Mentalität ähnelt der der Sorben. Wenn ich sie richtig verstanden habe, möchte sie, dass das Kunstwerk wichtig ist und nicht die Entstehungsgeschichte der kurzen Atelierphase. Marzella ist inzwischen sogar ein wenig stolz, Kirchner zu diesem großartigen Gemälde zu inspiriert zu haben."

Der Museumsführer bedankt sich vielmals, bleibt aber neugierig. „Es wäre schon wichtig, Marzella selbst zu sprechen. Glauben Sie, dass das möglich ist?" Ich zögere keinen Moment mit meiner Antwort. „Ich bin sicher, dass der Zeitpunkt noch nicht gekommen ist." Der Museumsführer möchte nicht weiter insistieren. „Vielleicht kommt uns Marzella ja eines Tages besuchen. Es wäre wunderschön, wenn Sie ihr erzählen, wie willkommen sie hier ist. Unser Museumsdirektor Pontus Hulten ist übrigens sehr stolz, dass er das Bild erworben hat. Nebenbei bemerkt für viel Geld. Es unterscheidet sich in der Tat von anderen Kinderakten Kirchners oder Heckels, bei denen die Mädchen viel fröhlicher und freizügiger wirken. Bestes Beispiel dafür ist Fränzi, ein blutjunges Modell der „Brücke" Maler. Fränzi war erst acht Jahre alt, als sie zu den Künstlern kam. Sie sprühte vor ungezwungener Natürlichkeit. Wenn Sie mal nach links dort an die Wand schauen, sehen Sie einige Bilder von ihr, die das verdeutlichen."

In der Tat: Auf drei Zeichnungen, die offensichtlich an den Moritzburger Teichen entstanden, haben Kirchner und Heckel mit wenigen Federstrichen Fränzis fröhliches Wesen eingefangen. Ich schmunzle und werde doch immer melancholischer, je länger ich Fränzi in ihrer ungezwungenen Art betrachte.

Der Führer holt mich zurück in die Gegenwart.

„Das „Marzella" Bild ist ganz anders. In der Haltung mit den übereinander geschlagenen Beinen und dem aus der Achse genommenen Oberkörper drückt sich etwas Ungelenkes, Schamhaftes aus, in dem das ambivalente Verhältnis des pubertierenden Mädchens zum eigenen Körper deutlich wird."

Ich bewundere die Bildinterpretation des Fachmanns, bin aber nicht sicher, ob ich das damals wirklich so empfunden habe. Zum Schluss wendet sich der Museumsführer noch einmal an mich mit den Worten: „Sollte Marzella irgendwann einmal zu uns ins Museum kommen, könnte sie ja vielleicht einen kleinen Vortrag über ihre Kindheitserlebnissse bei Ernst Ludwig Kirchner halten." „Vielleicht", erwidere ich ausweichend.

Die deutsche Besuchergruppe schlendert langsam in den benachbarten Raum, in dem Werke von van Gogh, Toulouse-Lautrec und Munch, so etwas wie künstlerische Vorfahren der „Brücke" Maler, ausgestellt werden. Sie diskutieren lebhaft über das, was sie gerade von mir gehört haben. Es hat sie sichtlich beeindruckt, dass ich angeblich die Marzella kenne, die Kirchner gemalt hat.

Willi hat die ganze Zeit kein Wort gesagt. Ich habe es nicht gewagt, ihn anzuschauen, denn ich war nicht sicher, wie mein Phantasie Gebilde auf ihn gewirkt hat. Wahrscheinlich werde ich ihm immer unheimlicher. Jetzt endlich treffen sich unsere Blicke. Willi schüttelt den Kopf, zum Glück schmunzelt er dabei. Dann sagt er: „Also Schwesterchen, vergiss bitte nicht, Marzella auch von mir die besten Grüße auszurichten." Das klingt zwar spöttisch, aber im Ton gütig und verständnisvoll. Eine Erleichterung für mich.

Willi hat auch nichts dagegen, dass ich mir mein Bild noch einmal in Ruhe ansehen möchte. Er ist einfühlsam genug, mir die Zeit zu gönnen, die ich dringend brauche. Seine Gelassenheit überträgt sich auf mich. Ich versuche mich ganz auf das Gemälde zu konzentrieren, weil ich unbedingt herausfinden möchte, ob es mir wirklich mir gelingt, mich mit mir zu versöhnen. Es fällt mir verblüffend leicht, mit meinem Bild zu verschmelzen und in die Atelier Atmosphäre kurz vor den Sommerferien 1910 einzutauchen. Ich erinnere mich so präzise an viele Details wie schon lange nicht mehr.

Als das Gemälde fertig war, habe ich meinen dunkelblauen Rock und meine blütenweiße Bluse wieder angezogen. In diesem Moment kam Herr Kirchner freudestrahlend auf mich zu, um sich bei mir dafür zu bedanken, dass ich in der Lage war, meine Hemmungen zu überwinden. Er kam ganz nah an mich heran und dann geschah es: Herr Kirchner drückte mich an sich und küsste mich. Natürlich war ich verblüfft und irritiert, aber eigentlich hätte ich schockiert und empört sein müssen über diese Zudringlichkeit. Aber stattdessen passierte etwas Merkwürdiges.

Ich spürte, wie mir das Blut in den Kopf schoss, und ich total verwirrt war. Herrn Kirchners Annäherung löste in mir Gefühle aus, die mir völlig fremd waren, und die ich deshalb nicht einordnen konnte. Körper und Seele gerieten in Aufruhr. Dabei war der Kuss gar nicht besonders leidenschaftlich, auch nicht auf den Mund sondern auf die linke Wange. Aber ich empfand ihn als besonders zärtlich und liebevoll. Nicht einfach so hingehaucht, wie ich das von meinem Vater oder meinem Bruder kannte. Nein, es war ganz anders, seine Lippen brannten sekundenlang lodernd auf meiner linken Gesichtshälfte. So habe ich es jedenfalls damals empfunden. Mich hatte ja nie zuvor ein männliches Wesen außerhalb der Familie geküsst. Nicht einmal freundschaftlich auf die Wange. Dieser Kuss durchströmte mich und verursachte ein heftiges Kribbeln in meinem Bauch. Dabei war Herr Kirchner wahrscheinlich wirklich nur glücklich, dass ich bei der Malerei so kooperativ war und wollte dies auf möglichst nette persönliche Art und Weise zum Ausdruck bringen. Für mich aber war es ein Kuss von einem Mann, den ich trotz seiner Eskapaden anhimmelte. Sonst hätte ich es im Atelier nicht vier Monate lang ausgehalten.

Ein Kuss, durch den ich wieder einmal die Kontrolle über mich zu verlieren schien. Erst nachdem ich zu Hause meine Torheiten gestanden hatte, wurde mir klar, dass meine Schuld zementiert würde, wenn jemand erführe, dass mir Herrn Kirchners Liebkosung nicht unangenehm war. Meine Familie hätte mich endgültig verteufelt. Es hätte genau zu der Vorstellung gepasst, die so viele von dem Treiben im Atelier hatten. Erst die Nacktbilder und dann auch noch zwielichtige Avancen der Maler unter dem Deckmantel der Kunst: Die Vorstufe zum Kindesmissbrauch eben.

Ich habe es jahrzehntelang nicht einmal gewagt, an Herrn Kirchners Kuss auch nur zu denken, geschweige denn darüber zu sprechen. Es hätte alles noch dramatisch verschlimmert. Ich bin froh, dass das, was ich als ziemlich intim empfand und mich durchrüttelte, für immer mein Geheimnis bleiben wird.

Jeder würde Herrn Kirchner sexuelle Absichten unterstellen und mir vorwerfen, meine Keuschheit für einen Lustmolch vergeudet zu haben. Ich möchte mich nicht mehr schämen. Auch nicht für Herrn Kirchners Kuss. Meine kindliche Seele ist erst nach der Zeit im Atelier beschädigt worden. Davon bin ich inzwischen fest überzeugt.

Es ist nicht leicht, mich von der Anziehungskraft meines Gemäldes zu lösen. Ich fühlte mich wie hypnotisiert. Jetzt endlich schaue ich wieder zu meinem Bruder, der mit Engelsgeduld neben mir ausharrt. Er wirkt erstaunlich gelassen und entspannt mit diesem gütigen Blick, den ich so lange vermisst habe. Ich ergreife schweigend Willis Hand und möchte sie am liebsten nie mehr loslassen.

ANHANG

Für das Buch relevante biographische Details

MARZELLA SPRENTZEL

Sie wurde am 15.12. 1895 in Dresden als Tochter eines Postbeamten geboren. Sie lebte in einem streng katholischen Elternhaus. Ihr Bruder Willibrord, der nach 1945 Propst der Dredner Hofkirche wurde, war für Marzella stets die wichtigste Bezugsperson.

Von 1904-1911 besuchte sie in Dresden eine Höhere Töchterschule. In dieser Zeit hatte sie vier Jahre lang bis 1909 sehr professionellen Klavierunterricht. Im Sommer 1910 stand sie als 14 jähriges Mädchen Ernst Ludwig Kirchner einige Monate als Modell zur Verfügung und traf dabei die fast fünf Jahre jüngere Fränzi. In dieser Zeit entstand das berühmte „Marzella" Gemälde, das heute im Moderna Museet in Stockholm zu besichtigen ist.

Marzella wohnte nur 5 Minuten vom Atelier der „Brücke" Künstler entfernt. Außer den entsetzten Eltern und dem Bruder wusste damals niemand etwas von der Modelltätigkeit. Die Familie beschloss, die ihr so peinliche Affäre streng geheim zu halten. Marzella litt jahrzehntelang unter der vermeintlichen Jugendsünde.

1911-1916 ging sie auf das königliche Lehrerinnen Seminar in Dresden und war danach 40 Jahre lang im Schuldienst tätig. Seit 1943 lehrte sie in Räckelwitz in der sorbischen Oberlausitz Musik und Französisch.

Ihr Vater starb 1934, Marzella holte ihre Mutter im Februar 1945, eine Woche vor dem Bombeninferno in Dresden, nach Räckelwitz.

Nach dem Ende des Krieges wurde Marzella vom Schuldienst drei Jahre lang suspendiert, weil sie der NS Frauenschaft angehört hatte. Ihre Mutter erlitt 1946 beim Gottesdienst in Räckelwitz einen tödlichen Gehirnschlag.

Die letzten Lebensjahre verbrachte Marzella mit ihrem Bruder in einer gemeinsamen Wohnung in Dresden. Sie starb im Dezember 1977.

Die Todesanzeige ist nur von ihrem Bruder und einer Pflegeschwester unterschrieben.

Es ist Marzella gelungen, ihr Geheimnis vor der breiten Öffentlichkeit und sogar dem größten Teil der Familie zu verbergen.

WILLIBRORD SPRENTZEL

Marzellas drei Jahre älterer Bruder wurde am 14.11.1892 in Dresden geboren. In der Atelierphase seiner Schwester 1910 war er Abiturient. Er studierte Theologie und empfing 1915 die Priesterweihe. 1939 wurde er zum Caritasdirektor ernannt und im Dezember 1945 zum Propst der stark zerstörten Dresdner Hofkirche berufen. Fast zwei Jahrzehnte kämpfte er für die Wiederherstellung der Kathedrale. Erst 1962 wurde das Gotteshaus wieder komplett eingeweiht. Papst Johannes XXIII ernannte Willibrord für seine Verdienste zum päpstlichen Hausprälaten.

Die letzten Lebensjahre bis zu seinem Tode verbrachte er zusammen mit Marzella in einer kleinen Wohnung in der Striesenerstr. in Dresden. Er starb am 19.8.1978 nur wenige Monate nach seiner Schwester. Die gesamte Familie wurde auf dem alten katholischen Friedhof der Dresdner Friedrichstadt begraben, der Propst standesgemäß in einer Priestergruft.

FRÄNZI

Lisa Franziska Fehrmann, genannt Fränzi, wurde am 11.10. 1900 in Dresden als 12. Kind eines Heizers geboren. Von 1909-1911 verbrachte sie als kleines Mädchen viel Zeit bei den „Brücke" Künstlern. Sie wohnte wie Marzella nur wenige Fußminuten vom Atelier der Künstler entfernt. Sie galt als Lieblingsmodell von Erich Heckel. Am 12.10.1917, einen Tag nach ihrem 17. Geburtstag, wurde Gertrud, die erste von zwei unehelichen Töchtern geboren.

Am 12.2.1926 besuchte Ernst Ludwig Kirchner, der nach vielen Jahren wieder einmal in Dresden war, die Buchbinderarbeiterin Fränzi, die die Zeit im Atelier als „liebste in ihrem Leben" bezeichnete. Fünf Jahre später heiratete Fränzi den Buchdrucker Alfred Fleischer. Die Ehe wurde 1948 geschieden.

Fränzi starb am 10.Juni 1950 vor ihrem 50. Geburtstag in einem Dresdner Krankenhaus und wurde auf dem äußeren Briesnitzer Friedhof am westlichen Rand Dresdens beigesetzt. Ihre Tochter Gertrud, die 1948 Bruno Arlt heiratete, überlebte Fränzi um 42 Jahre.

ERNST LUDWIG KIRCHNER

Er wurde am 6.5.1880 in Aschaffenburg geboren. 1905 gründete der Architekturstudent zusammen mit einigen Kommilitonen die Künstlergruppe „Brücke".

Sie wollten sich von den als bedrückend empfundenen bürgerlichen Traditionen befreien und dabei bewusst Grenzen überschreiten.

1910 arbeitete Kirchner in seinem Atelier in der Berlinerstr. in Dresden mit vielen jungen Mädchen zusammen, u.a. Marzella, Fränzi, Senta und den „Neger"- Tänzerinnen Milly und Nelly aus dem Zirkus Schumann. Das zentrale Thema Kirchners wurde die Erotik des weiblichen Aktes. Bei der Arbeit im Atelier vermischte er zumindest bei älteren Frauen häufig künstlerische und sexuelle Motive. Bei den Kindermodellen können unsittliche Handlungen bis heute nicht nachgewiesen werden. Die Minderjährigen beobachteten aber häufig geschlechtliche Aktivitäten der Künstler.

In dieser Zeit entstand das Gemälde „Marzella", das erstmals im September 1910 in der Galerie Arnold in Dresden als Blickfang für die Besucher ausgestellt wurde.

Kirchner schrieb Briefe an Erich Heckel, in denen er Marzella dafür lobte, dass sie „feine Züge" entwickele und immer attraktiver werde.l Postkarten Kirchners an Heckel signierte Marzella mit handschriftlichen Grüßen.

Die Künstlergemeinschaft „Brücke" brach bereits 1913 auseinander. Im 1. Weltkrieg wurde Kirchner zum Militärdienst einberufen, aber bereits nach wenigen Monaten wegen psychischer Probleme freigestellt.

Im Mai 1917 siedelte er ins schweizerische Davos über. 1926 besuchte er Fränzi in Dresden und war deprimiert über ihr armseliges Leben. Nach einer letzten produktiven Schaffensphase war Kirchner verzweifelt darüber, dass seine Arbeiten von den Nazis als entartete Kunst diffamiert und 639 Werke beschlagnahmt wurden. Am 15.JUNI 1938 beging er im Frauenkirchner Wildboden bei Davos Selbstmord.

LITERATURANGABEN

Aus folgenden Büchern habe ich entweder wörtlich oder sinngemäß zitiert:

Gerd Presler: E.L.Kirchner - Seine Frauen, seine Modelle, seine Bilder

E.L.Kirchner: Postkarten und Briefe an Erich Heckel

Fränzi: Ende eines Irrtums- Drei „Brücke" Maler-Ein Modell

Sprengel Museum Hannover: Der Blick auf Fränzi und Marzella

Städel Museum Frankfurt: Ernst Ludwig Kirchner Retrospektive

Das Gemälde Marzella

Nackte Mädchen unterhalten sich

Ernst Ludwig Kirchner 1910

Marzella und Senta als Bogenschützen

Liegendes Negermädchen Milly

Marzellas Familie

Marzella als Lehrerin

Todesanzeige

Willibrord

Fränzi 1910

DER AUTOR JOCHEN SPRENTZEL

Jochen Sprentzels Großvater war der Cousin von Marzella Sprentzel. Als er vor einigen Jahren durch ein Forschungsergebnis des Kunsthistorikers Prof. Gerd Presler völlig überraschend davon erfuhr, dass seine Großtante ein Kindermodell von Ernst Ludwig Kirchner war, hat der Journalist diese Thematik akribisch innerhalb und außerhalb der Familie recherchiert. Die besonders für Fachleute verblüffenden Erkenntnisse hat Jochen Sprentzel für das Brücke Museum in einem Katalog Artikel der Ausstellung über Fränzi und Marzella zusammengefasst und als Grundlage für diesen Roman verarbeitet.

Jochen Sprentzel hat ein Studium der Publizistik, der Soziologie und der politischen Wissenschaften mit dem Magister Examen abgeschlossen. Im Hörfunk und Fernsehen war er in verschiedenen aktuellen Redaktionen als Reporter und Moderator tätig. So hat er u.a. am 9.November 1989, dem Tag des Mauerfalls, die Berliner Abendschau moderiert. Vor allem aber hat Jochen Sprentzel sein Hobby Sport zum Beruf gemacht. Für die ARD hat er16 olympische Spiele und 7 Fußball Weltmeisterschaften live kommentiert sowie u.a. die ARD Sportschau moderiert. Von 1979-2005 war er Sportchef beim Sender Freies Berlin und dem Rundfunk Berlin Brandenburg.

29165553R00105

Printed in Poland
by Amazon Fulfillment
Poland Sp. z o.o., Wrocław